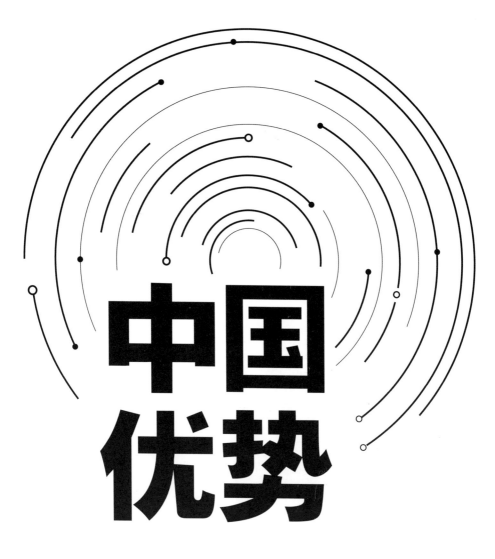

中国优势

王煜全/著

THE INDISPENSABLE CHINA

中信出版集团 | 北京

图书在版编目（CIP）数据

中国优势 / 王煜全著. -- 北京：中信出版社，
2020.1
ISBN 978-7-5217-1299-5

Ⅰ.①中… Ⅱ.①王… Ⅲ.①技术革新—研究—中国
Ⅳ.①F124.3

中国版本图书馆CIP数据核字(2019)第269676号

中国优势

著　　者：王煜全
出版发行：中信出版集团股份有限公司
　　　　　（北京市朝阳区惠新东街甲4号富盛大厦2座　邮编　100029）
承 印 者：北京诚信伟业印刷有限公司

开　　本：880mm×1230mm　1/32　　印　张：8　　字　数：142千字
版　　次：2020年1月第1版　　印　次：2020年1月第1次印刷
广告经营许可证：京朝工商广字第8087号
书　　号：ISBN 978-7-5217-1299-5
定　　价：59.00元

序

做科技风险投资的朋友，我认识几位。其中一位是煜全。几年前，我和其他老师、同学一起参加他和薛兆丰组织的"积木式创新访学团"，从硅谷转到麻省理工学院，一路听他讲解，也实地参观了他参与投资的科技项目，收获不小。事后复盘，脑子里刻下最深的道道，就是煜全身为高科技风险投资人，对中国制造业评价之高，几乎无人能及。

我自己是从农村和农民角度认识中国制造业的。回想恢复高考后刚入大学读经济，遇到的头等问题就是"十亿人口，八亿农民"。说中国农民多吧，可还有好多年粮食不够吃。等到农村改革之后，粮食算够了，农村剩余劳动力却"压力山大"，哪里能吸纳原来藏在农村的数亿劳动力呢？那时的现实情况是，农业不需要那么多劳动力，国有工业又没有那么大的胃口招工。在国民收入偏低的约束下，城市服务业也指望不上。

要吸收数量巨大的剩余劳动力，当时我们一缺资本，二缺技术，三缺市场。改革开放一举打开了中国劳动力利用全球资本、技术和市场的大门。实践证明，把劳动力与全球资本、技术以及市场结合得最成功的"天下第一大板块"，正是中国制造业。倘若没有惊人的、庞大的制造业，那教科书上所谓的"刘易斯拐点"，怕是猴年马月也到不了中国吧？！

由此可知，我们对中国制造业从来都是一律"点赞"。不是不知道其缺点和弱点——小散乱、技术水平参差不齐、产品质量低、环境压力大、仿制能力强过原创等，但能解决数亿农民工就业问题，能帮助中国农民脱贫。毛病和缺陷就是有，也可以慢慢改善。学习曲线总归向上，假以时日，总是中国经济的巨大支撑。

煜全完全是另外一条成长路线。他是开放年代成长起来的专业人士，出道不久就在国际投资咨询机构任职，早就练就了全球眼光。记得一起从旧金山、洛杉矶到波士顿，路上煜全对跨度很大的行业及相关先进技术，可以讲得清清楚楚，如数家珍。对他们投资的各类美国科技公司，从董事长到首席科学家，个个都像朋友一样，私交甚笃，介绍点评的分寸十分恰当。在容易乏味的长途大巴上，煜全甚至把他的红酒知识像专业课程一样，讲得头头是道，且经得起见多识广的团员们诘问。如此一位"洋"化程度甚高之人，怎么会对从泥土里成长起来的中国制造业看得如此之重？

他当时的自我解读，就是"搭积木"。在煜全看来，美国的科研基础雄厚，原创能力非凡。不过那也只是一块积木而已，尽管色彩夺目、造型不凡，但只靠那一块积木，还是搭不出一件大器。中国说落后也不是一天两天的落后，但毕竟改革开放几十年，好歹手里也拿得出一块"长板"，那就是品类齐全、跨度极大的制造业。还不是那么好看，搭到耀眼处怕不能夺人眼球，但搭到底部，把硅谷、128公路、奥斯汀等地的非凡创意，大批量制造成能满足全球多层次消费者需求的产品，那就不仅够格，且绝对有世界范围内的竞争力！听明白了："搭积木式创新"者，全球化分工合作体系也。

不过"搭积木"毕竟是一种比喻，按当年同行的兆丰老师（现在他是"天下第一"网红经济学老师）的观点，严格准确的科学表达不能靠比喻，必须把清楚明白、含义精准的概念，合乎逻辑地连接成命题，然后不断敲打锤炼成可供检验的判断。思维挑战来了，我关心煜全怎样应对。

这本书就是王煜全的新回答。比喻不见了，代以出现的，是一套比较严谨的表述。读来我觉得最重要的判断，是"科技革命的模式正在发生革命性的变革"。何以见得？"工业革命是科技给产业带来的革命……现在是科技创新本身的革命，它使得科技的价值被指数级地发挥出来。这是因为，过去的科技创新往往是随机发生的个人行为，现在的科技创新则表现出一种系统性。擅长某一环节的人各司其职，共同完成科技创新的整体操作，极大地提升了效率。这促成了新一轮科技产业的井喷，推动大量新兴科技企业的产生。"

这场"科技革命模式的革命性变革",是第二次世界大战后新一轮全球化的产物。因此,它不是也不可能只发生在某一个国家,如美国,也不仅仅限于一小批国家,如日本和西欧诸国,而是席卷发达经济体和新兴市场经济体,把在全球化进程中积极发挥各自比较优势的所有国家、地区、机构与个人都囊括其中的,比产业革命还要伟大的科创产业革命。

作者在书中大声说:"如果我们大家一起帮助中国把握住这个机会,相信经过多年的发展,中国不仅能够成为经济强国,更可以是科技强国、产业强国。这是中国借由我们自己对科技创新的支持,支持全球创新,进而支持全球经济发展的一个重要机遇。"读者若问凭什么,那我们就有机会读到最让我欣赏的"煜全判定"——"中国的优势在哪里呢?从全球创新生态体系的维度来看,我觉得优势更多应在我们的复杂产品的大规模开放制造能力。这是中国在过去40年的时间里练就的本领,是我们可以支持和加速全球科技创新的长板。"

读者朋友,你对这个判定感兴趣吗?你希望进一步探讨如何有效地支持全球创新,并从中发现自己的机遇吗?那就请你打开这本书,跟着作者的思路一起展开一次思想之旅吧。

周其仁

北京大学国家发展研究院教授

前言

关于机遇，我们需要面对这样两个问题。

面对个人的机遇，我们总是欠缺敏感度。回想一下：20年之前炒股票，10年之前买房……若在当时把握住这些机遇中的某一个，未来的命运也许就会发生重大转折。但我们绝大多数人都是后知后觉的，没有主动去布局、去投入、去把握。

而在面对社会大环境下整体性的机遇时，我们总会延用惯性思维，认为它们理应发生。举个典型的例子：过去40年，中国经济高速增长。我们总觉得这种增长不会变，将一直延续下去；甚至还延伸分析其他大国的经济增长趋势。就印度而言，在总理纳伦德拉·莫迪（Narendra Modi）上台以后，很多人以为印度经济也会进入一个高速增长期。事实上，像我国这样经济持续高速增长的情况非常罕见。

这本书谈到的，对每个人而言都是一个巨大的机遇。我认为，如果我们能预见并认真把握住这个机遇，中国经济就有机会实现更长时间的高速增长。

这个巨大的机遇即"科技创新的革命"。

如果要评选对人类历史进程产生深远影响的事件，工业革命一定"榜上有名"。严格来说，它应该被叫作"科技产业革命"。因为它将科技运用至工业，极大提升了工业的生产效率、能力。我认为，眼下是一个特别值得兴奋的时点，因为科技革命的模式正在发生革命性的变革。

过去的工业革命是科技给产业带来的革命，由此大家能够充分理解科技在产业当中的价值。现在是科技创新本身的革命，它使得科技的价值被指数级地发挥出来。这是因为，过去的科技创新往往是随机发生的个人行为，现在的科技创新则表现出一种系统性。擅长某一环节的人各司其职，共同完成科技创新的整体操作，极大地提升了效率。这促成了新一轮科技产业的井喷，推动大量新兴科技企业的产生。

放在过去，机遇往往只出现在某些特定领域。在计算机时代，学计算机专业的人就更有机会；在股票交易时代，做证券、金融的人就更有机会。所以才会有所谓"男怕入错行"的说法。眼下，这轮巨大的机遇覆盖各个行业、各个领域。要是再一次将其忽视，就只能怨我们自己没把握好，不能抱怨时代没有给我们机会了。

为什么这样一个巨大的像工业革命的机会，迄今为止看到的人仍旧不多呢？我认为有以下三个原因。

第一，这个机会刚刚兴起不久。科技企业崛起并不是一蹴而就的。即使现在跨国企业的形成时间比起以往的百年老店已经大大缩短了，它仍然需要漫长的等待。一般来说，企业的第一个10年是孵化期，第二个10年是市场期，第三个10年才是成熟期。一家企业基本上要30~40年的时间，才有可能从初创企业成长为所属行业的领军企业。目前，仍有很多科技企业的潜力没有被充分认识。

第二，这一轮科技创新的浪潮很像上一轮的延续，即在风险投资的支持下成立公司进行研发，创立科技企业的失败率似乎很高。实际上，这一轮创新是由非常有经验的创业者操刀的，专攻硬件产品；科研水平有保障，产品化有模式、有资源。只要把投资和（随后的）量产环节理顺，创新就会形成一股巨大的潮流。

第三，这一轮科技创新的主力是小企业。而在包括美国在内的很多国家，大学商学院的赞助方是大公司；大学对企业创新的研究也更偏向大公司，对小企业缺乏深入持久的观察。

我越清晰地观察到这些变化，在感到兴奋之余，也越觉得焦急和紧张。

科技创新的革命，是一个巨大的、人人都可以把握的机遇。

如果我们大家一起帮助中国把握住这个机会，相信经过多年的发展，中国不仅能够成为经济强国，更可以是科技强国、产业强国。这是中国借由我们自己对科技创新的支持，支持全球创新，进而支持全球经济发展的一个重要机遇。

中国的优势在哪里呢？从全球创新生态体系的维度来看，我觉得优势更多应在我们的复杂产品的大规模开放制造能力。这是中国在过去 40 年的时间里练就的本领，是我们可以支持和加速全球科技创新的长板。至于如何有效地支持全球创新，这是个更为复杂的系统工程，需要大家共同思考。我在书中给出了一个思路和模式，也希望更多的人和我一起来探索和完善，找到最优路径。

目

录

CONTENTS

第一章
今天的科技创新

观察全球创新的规律　　003

科技企业发展的三阶段　016

科技创新生态　　　　　029

第二章
科技创新是一条产业链

高校：创新的源头　　　046

企业：创新的产品化　　055

制造：创新的产业化　　065

市场：用户参与创新　　077

第三章
创新生态的其他参与者

大企业：创新的航母　　092

资本：创新的培育者　　106

支持机构：创新的服务者120

创新区：创新的环境　　137

政府：创新的调控者　　153

第四章
中国决定全球创新的未来

中国制造支持全球创新　176

中国产业升级的路径　　192

中国和平发展的战略　　208

拥抱全球化 4.0　　　　219

后记：行动清单　　235

注释　　　　　　　241

第一章
今天的科技创新

//////// 全球创新生态 ////////

今天的科技创新，不是一个个体行为，而是一个生态行为。它以科技企业 3.0 为核心，有配套的协同研发、设计、营销、推广、品牌、客户服务，有共享办公空间、人事、财务外包的支持，还包括金融资本的扶持、政府的培育、创新区的环境等要素。

◀▐▌▐▌▐▌ 观察全球创新的规律 ▐▌▐▌▐▌▶

未来中国的科技创新该怎么做

本书要解决的核心问题，就是未来中国的科技创新该怎么做。

21世纪，一个国家的核心科技，以及它在全球科技创新生态中的地位，决定了它的实力。同样的道理，企业竞相应用先进科技，也成了商业发展的主旋律。

之所以会出现这样的情况，是因为国与国、企业与企业的竞争，一直是一个寻找相对优势的过程。

最早，人类竞争的核心是土地。

在古埃及、古印度和古代中国为轴线的农耕文明时代，耕地是发展农业最重要的资源，对耕地的关注与争夺是农耕文明的特点。

后来，竞争的核心变成了资源。

15 世纪，欧洲君主鼓励海外贸易活动。欧洲船队跨越大西洋、绕过非洲远航，不断开拓新的航线和登陆地点，意图寻找更多的商业资本与资源。这也推动欧洲不断走向殖民乃至瓜分世界的道路。

下一个接棒的竞争核心是产业。

18 世纪 60 年代，英国开启了工业革命。工业革命又被称为"第一次产业革命"：大规模工业化生产取代了工厂手工生产，整个工业大系统的组织、结构、形态发生了革命性变化。从纺织业开始，工业革命带动了诸如采矿、冶金、造纸、瓷器、运输等众多产业，最终给整个国家赋能，把英国打造为世界第一的工业强国。

然而，18 世纪的工业革命并不是一场科学革命。构成第一次工业革命基础的大多数技术是由工程师、技术工人、工匠发明的，几乎没有科学家的贡献。直到 19 世纪，科学开始不断地影响工业。英国科学家迈克尔·法拉第（Michael Faraday）发现了电磁感应现象，物理学家詹姆斯·麦克斯韦（James Maxwell）总结出电学、磁学、光学原理——以电学理论为基础的电力带来了第二次工业革命。同期还有以物理学、化学等科学研究为基础的炼钢技术、石油提炼技术、内燃机技术、无线通信技术……科学与技术开始融合，成为推动人类文明的主导力量。

第二次世界大战以后，科学与技术相互融合的科技创新成为竞争优势的主要来源。科技除了提高生产效率，更重要的是，它能创造新产品、新需求和新市场，把它的影响力输送到全世界。靠科技创新崛起的代表是美国。与此同时，我们也看到日本、韩国、以色列这些土地和自然资源极度匮乏的国家，通过科技摆脱自身劣势，取得领先地位。

科技创新也是眼下中国面临的课题。过去的 40 年，中国的经济体量增长很快，拥有了强大的产业实力。而这一轮经济大发展得益于我们跟跨国科技企业的合作：全球产业链的重组，使中国以低成本为核心竞争要素，快速融入全球产业体系。这一过程中，我们不仅学来了先进的技术，还在现代企业制度和管理等层面缩短了和发达国家的距离。如今，新一轮的科技革命正在爆发之中，其中的规律与机制和原先"跨国公司甩制造业包袱"有很大的区别。如果不能洞察其根本并迎头赶上，我们很有可能会再一次被拉开距离。

科技是第一生产力，国家和企业要想维持竞争力，实现长期持续发展，就必须持续不断地推进高质量的技术创新。

过去，可口可乐研制出一个配方，可以沿用 100 年；今天，苹果公司每年都要有创新，把苹果手机（iPhone）从第 1 代做到第 11 代，才能活下去。科技公司的品牌看起来已经没有那么大的价值了，其唯一的资产就是科技引领能力。如果技术不领先，就会被别人颠覆。所以，科技企业要不断地进行研发，持续地创新。

创新就像童话里的"红舞鞋"，只要穿上它，就要一直跳舞，一刻不停，至死方休。要想维持创新优势，需要不断地推陈出新，一旦停止，就会面临被竞争对手超越、淘汰的危险。

企业如此，国家也如此。18 世纪，英国凭借蒸汽机这一项发明就足以领先，开启了产业革命。今天，美国的富强可不是因为一项发明专利，而是因为它在很多技术领域都站在了制高点。因此，我们比的不是某一项创新，而是创新的效率。

我认为可用一个指标衡量经济体或者企业整体的创新能力，即"创新效率"。它包括三个维度：创新的质量、创新的成功率和创新的数量。

创新的质量，可以用技术的领先程度、对社会影响的深度和广度，以及创新的壁垒来衡量。最具代表性的例子就是美国国家航空航天局（NASA）。从 1973 年开始，NASA 尝试将航空航天技术向民用领域转移。《美国国家航空航天局军转民技术》（NASA Spinoff，NASA 发布的一份报告）每年会选取 50 项军转民技术，介绍这些技术的研发背景、应用前景、技术转让方式。

如今，已经有超过 2 000 项高质量的创新技术成功实现转化，覆盖医疗健康、运输、公共安全、生活消费品、能源与环境、信息技术、生产制造技术等众多领域："阿波罗计划"中登月鞋采用的减震技术被应用到耐克的运动鞋里；从月球表面取矿样的电钻技术成为一款手持吸尘器的内核技术；航天服上带特氟龙涂层的玻璃纤维如今被运用至很多体育场的顶棚上。这些高质量的创新对社会产生了深远的影响，让人不得不感叹 NASA 的科研和工程能力在某种程度上重塑了人类社会。

事实上，创新有一个悖论，就是当创新的质量提高时，创新的难度会大大增加，创新很容易失败。所以，创新不光要考虑质量，还要保证成功率。怎么才算成功？创新技术能够被应用于大规模制造的产品中，并且这些产品能为消费者所接受，切实实现效率的提升，这样才算真的成功。包括美国在内，全世界多数国家的短板在于缺乏开放的大规模制造业，不能有效支持高科技创新企业。而中国能够在提升创新成功率方面做出独特的贡献，我将在后文详细论述。

单一的创新成功远远不够，还要有更多的创新保证，要能够覆盖各行各业，驱动产业提升，支撑起一个经济体。对此，中国地方政府已经有了一定的认识。有官员表示：我们关心的不是"谁是下一个乔布斯"，而是"怎样才能培养出一千个乔布斯"。在我看来，一千个乔布斯，就是一千个成功的科技企业家。单个乔布斯撑不起整个经济体，我们需要的是科技创新企业家群体，促进创新生态的形成，使中国成为一个真正有创造力的经济体。

"创新效率"的三个维度，为解答眼下中国面临的科技创新课题提供了切入口。我们可以在此基础之上，把"未来中国的科技创新该怎么做"这个宏观命题拆分为三个更为落地的小问题：

第一，如何对接先进科技，提升创新的科技含量？

第二，如何从产业侧支持创新，提高创新的成功率？

第三，如何构建创新生态，让全世界的创新都到中国来，从而扩大中国创新的数量？

理解科技创新的规律

要想提升创新效率，必须先理解科技创新的规律。

1998 年，我与全球企业增长咨询公司弗若斯特沙利文（Frost & Sullivan）合作，在中国成立合资公司。作为这家全球咨询公司在中国区的业务负责人，我可以通过它丰富的产业报告"扫描"各个产业。同时，我在这个过程中注意到科技创新井喷的趋势。这种趋势不仅发生在互联网领域，还出现在各行各业：新能源、新材料、生物医药、机器人、先进制造……这些行业中诞生了大量的科技公司，很多企业的技术和产品都有改变未来的潜力。

不过，就算看到了很多趋势，也知道了很多科技创新企业，但这些毕竟是从报告上得来的，如果不去实战，就无法发掘这个创新浪潮的内在肌理和更深层次的规律。所以，我从2013年开始转做中美科技投资。通过这些年对美国高校和科技企业的近距离观察，以及真金白银的投资实践，我发现在科技创新背后有一个强大的规律在起作用。总结下来，包含以下四个环节：

科研—研发—量产—市场

科技创新演变到今天，已不再是偶然发现的产物，而是一个完整的链条：高校的科研成果转移到创业企业，企业经过 5～8 年的研发，做出可以实际应用的产品，再经过流水线上的大规模量产，以能够被消费者接受的价格推向市场。

这个链条在 20 世纪 80 年代的美国开始出现，2000 年左右臻于成熟，并向全世界扩散。如今，德国、荷兰、丹麦、日本、以色列等国家虽然在具体产业环节上各有差异，但主流逻辑基本都是如此。

这是近 20 年来创新井喷的原因，也是我们观察世界的一种全新视角。理解链条上的各个环节，对于我们理解科技创新的规律颇有裨益。

‖ 科研：创新的源头是高校

近几年，中国的创新创业非常踊跃，"创新思维"层出不穷。大多数人是从发现问题的角度进行创新的，也就是我们平时说的抓住"用户的痛点"，并以此为基础创办新的企业。其实，无论是"痛点思维""尖叫思维""引爆点思维""单点突破""爆款"，还是影响很广的"微创新"，它们的底层逻辑都很相像，就是在市面上已有的技术之上推出新产品。这些归根结底都是商业模式的创新，门槛不高，很容易被别人模仿。所以，市面上出现了大量低水平的、重复的创新。推特（Twitter）刚刚兴起的时候，国内几大门户网站全都有"微博"产品；团购火热的时候，"千团大战"异常惨烈；优步（Uber）在美国出现不久，国内就有"滴滴""快的"拼得你死我活……

事实上，中国真正需要的是基于发明专利的硬科技创新。麻省理工学院创新计划（MIT Innovation Initiative）的一项报告在研究了美国 15 个州 1988—2014 年的初创企业后发现：拥有专利的初创企业成功的可能性，是没有专利的初创企业的 35 倍。[1]而硬科技创新的源头，就在高校。

这是因为，高校搭建了严谨的学术体系，设立了完整的学术门类，一直系统地进行科学研究，积累了大量的研究成果。如果企业有能力将这些科研成果转化为产品，创新就一定能很好地开花结果。也就是说，创新不一定需要自己建实验室、研究院。和高校做好对接是科技创新需要迈出的第一步。

事实上，从高校的实验室转移先进专利技术这件事已经发生，美国有上万家企业专门做高校科研成果的转化，它们是今天科技创新的主力军。如今，美国是世界上高等学校技术转让最成功的国家之一，高等学校创造的科技成果正被源源不断地转化为现实产品。2017 年 4 月，美国知名经济智库米尔肯研究所（Milken Institute）评估了超过 200 家美国大学的技术转让和商业化现状后，特别指出："大学和研究机构，是培育高科技产业唯一最重要的因素。培养人才、开展研究，以及基于研究投入的产出是衡量大学技术转让能力的指标。"[2]

‖ 研发：创新的主体是企业家

我们现在举国上下都在提倡科研人员创业。国务院就此出台过好几份文件，鼓励科研人员停薪留职创业。2015 年 4 月印发的《关于进一步做好新形势下就业创业工作的意见》对探索高校、科研院所等事业单位专业技术人员在职创业、离岗创业等提出明确要求。

各地的政府部门也逐渐从招商引资转向"招商引智"——为了吸引科研人员带着技术和项目去当地创业，纷纷出台优惠政策。比如四川天府新区在 2015 年发布的《天府新区成都管委会支持创新创业若干政策》中就有这样的规定："对中国科学院、中国工程院院士及相同层次的国外科学院（工程院）院士等国内外著名科学家创办的企业，经天府新区成都管委会审定给予 200 万~500 万元一次性项目启动补贴，并按 2∶3∶5 的比例分三年兑现。"

不过，科技创新当中的一个重要环节——研发，还没有得到应有的重视。

按照我的观察，从科研成果被验证到产品上市，中间往往需要 5~8 年的研发周期和上千万美元的研发投入。这个阶段研发的主体是企业家，而不是科学家。因为科学家的任务和专长是研究，而不是产业化，也不是创办企业。事实上，科学家的责任在申请了技术专利之后就完成了，他们会转向新的课题，研究新的领域。

从专利转化为产品是企业家要做的事。如果没有企业家将技术转化成产品，科学家的研究只能被束之高阁。那么，这样的企业家是一群什么样的人呢？他们不是科学家，不是灵光一现的天才，也不是比尔·盖茨那样的辍学创业者；他们是懂科技的、经验丰富的、有良好信用的科技企业家，是四五十岁乃至五六十岁的连续创业者。他们的使命就是组织产品的研发，把一个新产品送上市后，功成身退，再投身下一个新产品。

在美国，因为有相对完善的创新生态体系，这样的科技企业家正在成长为一个新的阶层。

‖ 量产：创新的成败看量产

研发完成以后，创新的脚步并没有停止，下一个难点是如何实现量产。这是创新成败的关键。很多科技企业不是"死"在研发的路上，而是"死"在研发完成后量产的前夜。

如果说，研发解决的是如何创造出一个产品的问题，那么量产解决的则是如何用流水线造出大规模、低价格、高质量产品的问题。只有实现量产，企业才有赢利的可能。事实上，量产需要的投入极其庞大——建厂房、买设备、招工人。这很可能是一笔沉没成本，一旦投入，就再也无法收回。所以，资本的态度会非常谨慎。

更重要的是，量产还需要解决很多具体的生产和制造问题。最典型的例子就是富士康。我们都知道，富士康是 iPhone 的制造商。富士康有 5 000 多位工程师专门干一件事——帮助客户解决产品设计完成以后量产的问题。从生产线的部署到产品设计的调整，再到确保产品的性能，以及适当减少库存、合理安排生产计划、提高劳动利用率等，这里面凝结了无数制造业专家的智慧。

‖ 市场：创新的本质是有巨大的市场覆盖

走出实验室的创新，实现了产品转化和量产。但到这一步，科技创新仍未结束。只有将产品推向市场，让用户用上，创新的价值才能兑现。

在讨论科技创新的规律时，我以链条为例，指明当中包含的四个环节。这些环节相互连接，形成了一种"端到端的创新"：开端在高校科研，终端则是市场。用户不是被动的消费者，而是创新的参与者。他们参与创新、推动创新，不断发现新的应用，使创新被越来越多的人接受，覆盖到更大的市场。只有经历了用户对产品的应用和改进，创新才算完成一个闭环。

以工业机器人这个领域为例。机器人被部署到工厂以后，并不是立马就能使用的。它们不仅要经过一系列的安装、调试、磨合，还要接受用户不断给予的使用反馈。只有让用户深度参与机器人的改进和完善，机器人的性能才能不断提升，各种应用场景才会越来越清晰。

我们还要意识到，今天所有的科技企业要瞄准的不是一个区域性的市场，而是全球化的市场。如果我们只盯着中国本土市场，即便它足够庞大，也无法孕育出一流的科技企业。

到这里，我们就对全球创新建立了一个更加立体的认识：创新是一个端到端的链条，从科研，到研发，到量产，再到市场。

端到端的创新链条已经确立了 20 年，是一个正在发生的趋势。

我认为，在这个链条中，企业是最重要的主体。因为它是"端到端"创新的组织者和协调者，并把创新链条上的四个环节连通了起来。

要解决前文抛出的三个问题，即提升创新的科技含量、提高创新的成功率、扩大创新的数量，我们必须先清晰地意识到这个"创新链条"的存在，明确科技企业作为创新主体的地位，围绕企业出台配套的政策，这样才能源源不断地涌现出好的创新。

⊪⊪⊪— 科技企业发展的三阶段 —⊪⊪⊪

了解了科技创新在今天的状态，我们再来看看创新是怎样从过去演化到今天的。由此你会更清楚，今天的创新和过去的有什么不同。

我把科技企业的发展大致分为三个阶段。

科技企业 1.0：量产

我们将视野拉回到 100 年之前，那时诞生了人类历史上第一批大公司，包括福特汽车、卡内基钢铁、洛克菲勒的美孚石油等。这些现在看来十分传统的公司，在当年可都算是科技公司，拥有那个时代最先进的科技。它们把科技产业化，通过资本不断放大产能，提升社会的整体效率，我称之为"科技企业 1.0"。

科技企业 1.0 第一个也是最大的特征是，实现了量产。

在此之前，科技产品都是以零星的方式出现的。就算是詹姆斯·瓦特（James Watt）创办的苏霍工厂，在 1775—1800 年这 25 年间也只制造出了 183 台蒸汽机。所以，瓦特的工厂充其量就是个手工小作坊，不是真正意义上的科技企业。

科技企业 1.0 实现量产的背后，有三个推动力——电气化、流水线和资本的参与。

电气化构成了工业技术的基础，让技术条件不再是企业发展的绊脚石。发电机和电动机的发明、使用，使得人们开始用电力驱动机器。而新机器的发明和制造，反过来推动了电力的广泛应用。内燃机、汽车、电话、铁路、无线电报、飞机都是那个时代的产物。

流水线大大提升了制造效率。我们知道，工业化大生产的鼻祖是亨利·福特（Henry Ford）。福特汽车公司在 1913 年开发出了世界上第一条流水线，使每辆 T 型车的组装时间由原来的 12 小时 28 分钟缩短至 90 分钟，生产效率变成原来的 8 倍多。流水线的出现，令工人的分工更为细致，产品实现了标准化，生产效能大幅度提高。

资本的参与则进一步放大产能，保证了大规模量产。福特汽车公司于 1903 年成立，除了创始人亨利·福特以外，一共有 11

名投资者。在资本的保障下，福特汽车公司于 1908 年推出第一辆 T 型车，1913 年开发流水线，到 1927 年一共生产了 1 500 万辆 T 型车。一直到 45 年后，这个世界纪录才被打破。标准化、大批量生产降低了生产成本，汽车价格大幅下降，300 美元（按购买力换算，相当于今天的 2 万多美元）就可以买一辆。汽车这种先进的科技产品第一次走入寻常百姓家，美国变成了"车轮上的国家"。

科技企业 1.0 的第二个特征是，企业和高校没有什么关系，新产品往往只是技术创新的产物。

那个时代的科学研究在产业实践上十分落后，企业与高校之间缺乏一套系统化、标准化的对接模式，很多技术的主导者往往是工程师出身，而不是科学家。福特原本是爱迪生照明公司的工程师，研制内燃机。1896 年，福特造出他的第一辆汽车以后就离开了那里，创办了自己的汽车公司。他的技术不是从高校拿来的，而是自己创造出来的。这种创新是一种个人行为，无法保证持续性和系统性。

科技企业 1.0 的第三个特征是，企业在成立之前就已经拥有相对成熟的产品或技术了。比如福特的汽车、爱迪生的灯泡，都是先有了产品，然后通过资本放大产能，进而推向市场的。

再看洛克菲勒的例子。他不是发明家或者技术专家，而是一个金融家。他看准了石油产业的机会，买入当时最先进的石油精炼技术，吞并其他炼油厂，通过资本迅速放大产能、推向市场，打造出全世界最大的石油企业集团。洛克菲勒在扩张的过程中，只需要投入大量资金扩张市场就足够了，既不必把所有精力放在技术研发本身，也无须技术发明人的参与。

洛克菲勒最大的贡献是把石油制成品变成了一种价格低廉、质量稳定的产品。他和福特一样，都是手握产品，再通过资本放大产能，使得大规模生产和大规模销售成为可能，最终改变了美国整个社会的面貌。所以，科技企业1.0的核心是量产。

科技企业2.0：研发＋量产

20世纪六七十年代，一种新的企业类型开始出现：把研发周期放到了企业内部，先成立企业，融资，再去研发做产品，我称之为"科技企业2.0"。

最具代表性的是美国硅谷，那里孕育了许多具有影响力的科技公司，它们都是靠风险投资逐渐壮大的。比如20世纪60年代诞生的仙童半导体公司（Fairchild Semiconductor），得到了"风险投资之父"阿瑟·洛克（Arthur Rock）的投资，快速成长为全球第二大半导体公司。从仙童出走的技术员和工程师陆续创办了几百家硅谷企业，包括英特尔、国民半导体（National

Semiconductor）、超微半导体（Advanced Micro Devices，简写为 AMD）等。今天，我们熟悉的互联网大公司基本上都采取了这种模式。

为什么会出现这样的变化？一大原因是 IT 产业兴起的大时代背景。IT 产业是一个新兴市场，面临巨大的不确定性。它的产品形态是软件，是比特，不是原子，产品的前期研发成本很高。但是一旦研发出来，大规模复制的边际成本几乎为零。所以，这个时代的创业和投资都变成了高风险、高收益的事情。硅谷投资圈里流行这样一种说法：投资 10 家企业，7 家"死"了，2 家半死不活，1 家特别成功，这就算是一家好的风险投资机构。

因为风险高，科技企业 2.0 的创业者大部分都是年轻人。

很多人都知道"1955 年现象"。比尔·盖茨、史蒂夫·乔布斯，还有很多硅谷大人物都出生在 1955 年。他们 20 岁出头就成了企业创始人，30 岁之前就成了世界级的富豪。今天国内非常推崇年轻人创业，就是受到这种风潮的影响。

但我认为，"1955 年现象"只是一个孤例。在人类历史上，这种现象此前没有出现过，此后也很难再出现，为什么呢？

首先，IT 在当时是新科技，年轻人跟老一辈站在同一条起跑线上。但是今天的大部分科技都产生于老科技的基础上，比如人工智能领域的很多专家都是从数学、编程、认知科学领域转过来的。他们不需要从头学习 10 000 小时，因为在这之前已经有了 9 000 小时的积累，只需要补上最后那 1 000 小时就可以了。

其次，当时的 IT 市场是全新的市场，不确定性很大，需求也不明确，愿意大胆尝试的更多是年轻人。而今天的先进科技挑战的都是老产业，一项新技术的市场有多大，与既有科技相比的技术优势有多大，这些都非常确定。它更需要的是对产业的深度理解。产业知识是实践出真知，需要漫长的时间来积累。有 20 岁的编程天才，却没有 20 岁的产业专家。

所以，我认为年轻人主导的创新只是一种阶段性现象。

科技企业 3.0：科研 + 研发 + 量产

今天，创新的主流是第三阶段——以高校为源头，以硬科技为特征，由科技企业家主导的创新，我称之为"科技企业 3.0"。它兼具科技企业 2.0 和科技企业 1.0 的特点，既有漫长的研发期，又需要大规模量产——这就是我在前文提到的"端到端的创新"。

1980 年起，高校的科研成果开始大批量转化为生产力，进入实体产业。经过大约 20 年的时间，形成了一批专门做科技转化的企业家，他们转化出一些公司，产业初具规模。一般来说，科技企业 3.0 从成立到在资本市场成功上市，大约需要 20～30

年的时间。从 2000 年到现在，还不到 20 年时间，目前来看，还不足以使大量的科技公司成功，但是其中不乏比较优秀的已经上市的少数科技企业 3.0 的代表。比如，创立于 1993 年的半导体公司英伟达（NVIDIA）迄今有 26 年的历史，市值已经逼近英特尔；因美纳（Illumina）这家生物科技公司经过 22 年的发展后，成了基因分析领域的霸主；安德玛（Under Armour）虽然只是一个非常年轻的运动品牌，它的市值却已经逼近耐克这样有近 50 年历史的老牌企业。这不到 20 年的时间内，还没有海量的科技公司上市。但我认为，只要再积累 10 年左右，大量的科技公司就能彰显出它们的张力和活力。

以前，一个时代只有一项科技是主旋律。蒸汽机时代就是蒸汽机，计算机时代就是计算机，互联网时代就是互联网。现在，无数个领域同时爆发。我们既可以说今天是人工智能时代，也可以说是 5G 时代，同时也是航天时代、生物医药时代，还是纳米材料时代。就生物医药而言，基因测序、基因治疗、细胞免疫疗法、个性化治疗……每一个细分领域都有新产品推出，都诞生了一批科技企业。

而且，这些不同领域几乎是在同一时间取得突破的，这就使科技与科技之间产生了叠加效应，每一个产业都在被不同的科技叠加。能源的进步、材料的进步、催化剂的进步……都会被集成到一个产品里。比如，一部普通的手机，它的芯片是计算能力的叠加,镜头是光学技术的叠加,电池是储能技术的叠加,感知运动的陀螺仪是传感器技术的叠加,感知位置的芯片则是导航技术的叠加……

这是一股巨大的科技浪潮,它将极大地改变商业世界的版图。

科技企业 3.0 发展的速度极快。1973—1983 年,"财富美国 1 000 强"公司里有 350 家被换掉了。2003—2013 年,"财富美国 1 000 强"公司里有 712 家被替换,超过 2/3 的公司下榜。企业新旧交替的速度正在越变越快。新上榜的无疑都是更具有科技含量的公司,比如前文提到的英伟达、因美纳和安德玛。这些快速发展的科技企业背后,无一例外都有大量从高校转让过来的知识产权支撑其科技产品的发展。

当能够超前地判断趋势时,我们就会发现一个巨大的拐点:美国经济在 1970 年以后是缓慢下行的,现在又在往上爬了。这要归因于新一轮科技创新的开始。1970 年之前,美国经济增长很大程度上得益于第二次工业革命。至于 20 世纪四五十年代的第三次科技革命(计算机和电子数据的普及与推广带来的变革),其实没能推动美国经济持续上行。但在 1980 年先进科技开始进入美国企业以后,越来越多细分领域的冠军公司又回到了美国。前文讲过,这类科技企业将在未来 10 年彰显活力,这意味着,同时期的美国经济仍会非常坚挺。

我们有理由相信：当企业采用先进科技量产出足够好的产品后，它们就能获取足够多的利润，拿下足够大的市场控制权。科技企业 3.0 将形塑经济的未来。

科技井喷

到了今天，我们正在面临一场前所未有的科技井喷。我认为，井喷的原因在于企业开始把高校作为科技创新的源头。

以前，创新是偶然的、个体化的行为；对接高校以后，创新的接触面扩大了。这种对接把高校多年的科研积累释放出来，形成了一个创新的链条，源源不断地把实验室里的最新科技转变成市面上可以看到的产品。

之所以会出现这样的局面，一个势必要提到的转折点是 1980 年美国出台的《拜杜法案》（Bayh-Dole Act）。

我们先把目光拉回 1980 年以前。

20 世纪二三十年代，美国高校与产业，特别是政府军用产业的紧密联系，加强了联邦政府对高校科学研究的支持力度。除此之外，科学研究事业的蓬勃发展使得科研成果转化为现实生产力的可能性大大提高。这个时候，科研成果归属权的问题开始浮出水面——以麻省理工学院为代表的著名研究型大学开始通过申请技术专利，向产业部门转移新技术。20世纪30年代末，当时美国的16所顶尖研究型大学中，有12所制定了比较规范的技术转让政策。到了20世纪60年代末，美国共有85所研究型大学采用了规范的技术转让政策。

彼时的技术转让政策呈现出一种多样性，没有统一政策约束，各个高校之间的知识产权和技术许可存在很大的差异，难以达成共识。这使得大学在接受政府科研经费支持时可能同时面临多达26套不同的政策法规。

20世纪70年代，人们逐渐发现，高校的科研成果没有带来高科技产业的发展。以德国、日本为代表的工业技术强国迅速崛起，美国工业在世界市场的竞争力明显减弱。其中有两个重要原因。

第一，由联邦政府资助的绝大多数科研成果的所有权归属联邦政府。这种"谁出资，谁拥有"的知识产权归属看起来合理，但在现实中，这样的制度安排会导致高校的基础科学研究部门缺乏进行科研成果转化的动力，大量科研成果被闲置。

第二，联邦政府的技术转让政策和程序极其繁杂，技术转让费用高昂，企业难以利用联邦政府资助的高校所创造的科研成果。企业要拿到一个专利，不能只买专利，往往要"买下"高校的教授，甚至要把教授的实验室全部买过来，否则教授就无法继续进行研究。过去很多有实力的大公司——比如贝尔、西门子——都采用了这样的模式，但大部分公司会在这笔费用面前望而却步。

1976 年，美国联邦政府拥有 2.8 万项技术专利，而向企业和生产部门授权的专利数量不到 5%。[3] 研究型大学在 1980 年以前每年被授予的专利从未超过 250 项，科技成果转化率极低。[4] 大量的科研成果被闲置浪费，社会经济发展不景气。1979 年，美国联邦政府的一份报告指出："美国大学拥有全国 41% 的科学家和 16% 的政府研发经费，但创造的发明不到全国发明总数的1%。"[5]

1980 年 12 月 12 日，美国国会通过了《拜杜法案》，也称《大学和小企业专利程序法案》。它的核心即确立高校对知识产权的所有权。

《拜杜法案》规定，专利的所有权属于高校，高校可以向企业授予专利的独家商业权益。这个设计的巧妙之处在于，专利的所有权和商业开发权是分开的，高校以相对较低的价格将独家商业开发权转让给企业后，知识产权仍然归高校所有，教授可以继续做科学研究。

独家商业权益转让费用分为两笔。第一笔是预付费，20 万美元起，一般不高于 100 万美元，就可以拿到很好的专利。别说企业，这笔费用就连很多个人都支付得起。第二笔费用，是产品上市以后，企业要按照销售业绩给高校分成，一般是 1%～2%，不超过 3%。这两笔费用加在一起，比《拜杜法案》颁布之前的专利转让费用要低得多。

这部法案极大地降低了专利转让的财务门槛和信息门槛。许多比较小的企业也具备了参与商业转化的资格，科研和商业的接触面一下子以倍数扩大了。大量的发明创造被推向商业应用，而不是沉睡在专利局里。

在《拜杜法案》之后，一系列激励创新的政策也纷纷出台。这些相继出台的政策法规不断提升美国的创新效率，在促进美国产业经济发展方面起到的作用也非常明显。

美国国家科学院 2005 年的《迎击风暴——为了更辉煌的经济未来而激活并调动美国》经济发展报告指出，美国高校的科学研究帮助美国创造了大量新产业，比如生物技术。自《拜杜法案》实施以来，运用大学的科技成果创办的高新技术企业有 5 000 多家，大都位于大学附近。仅 2005 年，美国高校就帮助开发了 527 项新产品。1998—2005 年，共有 3 641 项产品上市。高校技术转让每年为美国经济创造数十亿美元的直接经济效益。根据美国纳斯达克股市的数据，约有 30% 的股市价值源于研究型大学的科研成果。据估算，1999 年，美国研究型大学技术转让为美国经济新增了约 400 亿美元收入，提供了约 26 万个就业机会。

专利许可数量的增长也很明显。1991—2003 年，每年新的专利许可量从 1 229 件上升到了 4 516 件，专利许可总量达到了 2.6 万件。其中 70% 的专利转让给了初创企业和小公司。[6]

我们知道，专利保护，既是为了保护权利归属，更是为了开放使用。如果每个发明家都把自己的发明藏着掖着，社会就无法进步。所以，《拜杜法案》规定，如果企业取得专利后，没有试图把技术商业化，技术转让办公室就有责任取消这个专利授权。换句话说，《拜杜法案》虽然保护企业的独家商业权益，但这个保护是有条件的，企业必须尽快研发出产品，把产品推向全社会。

更重要的是，《拜杜法案》把创新的主导者从原来的科学家变成了企业家。

要想真正改变世界，仅有科技是不够的。科技只是武器，真正改变世界的是懂得利用武器，能够把武器的潜力发挥到极致的企业家，他们才是这个世界的第一推动力。

从这个角度思考，你就会理解为什么美国人那么怀念乔布斯。乔布斯不是科学家，没有什么东西是他发明的，他的计算机水平也远不如他的合伙人斯蒂夫·沃兹尼亚克（Stephen Wozniak）。但是他懂产业，懂用户需求，懂如何把最先进的科技应用到社会和市场。这就相当于企业家主导了技术转化活动，完成了识别、融资、制造和销售等重要的转化环节。

从这个意义上来说，《拜杜法案》的意义比蒸汽机还要大。因为蒸汽机只是一项发明，而《拜杜法案》引爆了各个产业的科技创新。

科技创新生态

科技创新是一个生态

《拜杜法案》颁布以后，创新的链条被打通了，但这个链条不是在一家企业内部完成的。企业需要对接全球最好的科研，对接全球最厉害的制造，对接最能够接受科技的市场，才有可能把一个科技产品送上市。

在创新的链条以外，还需要大量的支持角色，比如配套的协同研发、设计、营销、推广、品牌、客户服务，让企业经营更顺畅的共享办公空间、人事、财务外包服务，金融资本的扶持、政府的培育、创新区的环境，等等。这样才能构成一个完整的科技创新生态。

创新生态就像自然界的生态一样，有参天大树，也有灌木、爬藤和其他物种，还需要水和空气的支持。这些要素共同作用，生态才能繁荣。

可以说，全球创新生态的形成是三股力量共同作用的结果。

第一股力量是大企业在全球的扩展，它推动了生产制造和工作流程的标准化。

第二股力量是大企业为了强化核心竞争力，把一些专业功能转移了出来，比如人力资源管理、工业设计、广告公关等，从而催生出一大批规模不大但是专业能力很强的小型机构。这就形成了良好的产业生态——生态之间的要素遵照效率为先的原则来组合，合作机制越来越顺畅。

第三股力量是网络技术和远程协作软件，它们让企业与企业之间、员工与员工之间可以不受地域阻碍地一起工作。这进一步促进了企业功能的分化和外包，降低了人力与办公租赁成本。

这三股力量的协同作用，催生出了如今的全球创新生态。在这个生态中，小企业可以从高校拿到先进科技进行产品化，再加上方便获得的优质外部资源，结果就是小企业的数量呈爆发式增长。图1-1显示：1981年，美国70%以上的产业研发费用，是由人数超过25 000的超大型公司来提供的；2000年以后，大企业占比萎缩得很厉害，小企业占比则在迅速提高。今天，大企业的研发费用萎缩了一半以上，超过25 000人的大企业研发费用降到了 35%，另外 65% 的费用全是由小企业提供的。

我们在观察创新生态的时候，要抓住核心价值点。现在主导科技创新的不是大企业，而是小企业。这些小的科技公司承前启后，从高校拿来科技，对接制造，穿起了创新链条的各个环节。所以，中国创新的价值也应该在这个核心价值点上延伸，结合关键因素，形成关键合作。

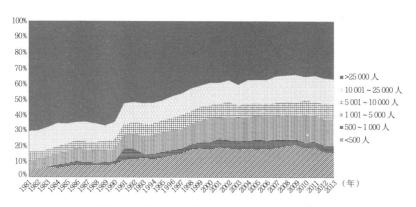

图 1-1 美国不同规模公司历年研发占比统计 [7]

中国现在的策略是直接跟科学家合作，跳开了小企业这个关键环节，致使科技转化面临重重困局。而且，我们往往因为这些企业的规模比较小，对它们不够重视。但科技创新企业成长的规律是：在研发期，企业规模不大；一旦达到量产，产品上市以后，企业体量就会迅速增长。所以，在这些小企业规模还不大的时候，我们就应该对其秉持宽容和尊重的态度，因为它们是未来要上榜《财富》(Fortune)杂志的企业。当年的"财富美国1 000强"教会了我们怎么做企业,今天的这些小企业将教会我们怎么做创新。

据我观察统计,现在仅仅在美国就存在上万家持有先进科技的研发型小企业。需要与之配套的,是一个更加庞大的生态。这就是我们中国的机会。

我将这本书命名为《中国优势:抓住全球创新生态新机遇》,是因为我想与你一起探讨:创新生态是怎么来的?它需要哪些支持?更重要的是,中国要怎样利用自己在创新生态中的比较优势,赢得主动,实现全球化布局?

这是我接下来要解答的问题。

中国如何对接全球科技

中国要想在创新生态中占据优势位置,就必须找到核心环节,然后提供支持。我们一旦解决了核心环节的痛点问题,在生态里的价值就会大大提升。

那么,这个核心环节是什么呢?前文强调,今天创新的主导者是小企业。小企业的优势是灵活专注,劣势是必须在体外协调资源,其中最大的困难就是量产。

简单产品的规模化制造相对容易，比如塑料制品，只要开模具、注塑就可以实现量产。但是，今天的制造更多是复杂产品的制造。复杂产品包括成千上万个零部件，每个零部件的参数都要标准化——长宽高、最高容许偏差……一千个零部件加起来，误差在一定限度内，才能组装成功。怎样减少制造过程中的偏差？把偏差设定在什么范围内才算合理？如何实现既能用机器大规模生产，又符合组装要求的目标呢？这些都是由制造部门控制的。

西方发达国家进行的"工业4.0"虽然能够支持高精度生产，但是开放性不够。拜腾汽车的创始人团队中，有原宝马公司的首席设计师。他之所以从宝马辞职，到中国参与创办一家汽车企业，是因为宝马公司的生产部门经常对他说："你的设计太超前了，我们的生产线支持不了。"在中国，汽车设计师可以尽情提要求。这就是一种支持创新的制造。

放眼全世界，只有中国解决了创新的量产难题，中国是世界上唯一一个支持复杂产品的大规模开放制造的国家。这源自中国制造业成长的独特背景。

现在还有很多人认为，是外国人不够聪明，跨国企业才在20世纪80年代把制造业这个宝贝甩给中国，让中国占了便宜。事实并非如此。

从著名的"微笑曲线"（Smiling Curve）理论可以看出，当时西方国家普遍认为，在产业链中有价值的是曲线两端，即研发设计和销售，而中间环节，也就是生产制造的附加值最低。当时的制造不值钱，一台个人计算机的代工利润率只有千分之一。因此，大型跨国企业其实是"甩包袱"，把利润最低的制造环节甩给中国，才让中国有机会形成规模庞大的代工产业。

中国有大量受过教育的人口，他们经过培训后就是高质素的工程师和产业工人。因此，在转移制造产业的过程中，发达国家把偏高端的制造甩到了中国，把简单产品的制造，比如制衣，甩到了其他第三世界国家。

"微笑曲线"在当年来看是合理的，很多企业转型的路线就是根据"微笑曲线"理论制定的——往附加值高的地方走。甚至直到今天，还有很多人认为制造很低端，制造不重要。事实上，制造的重要性是相对的。对大企业来说，制造依然不重要。但是，对科技创新的小企业来说，它至关重要。

当《拜杜法案》带来创新井喷，小公司主导创新以后，"微笑曲线"就失灵了。因为这一批科技创新企业的产品不再是软件，而是硬件。制造对创新企业来说，是关乎生死存亡的大事。做不到量产，它们就会"死"，但它们偏偏没有制造——这是以前从未遇到过的局面。因此，在今天的创新生态中，支持复杂产品的大规模开放制造特别有价值。

还有一派观点认为，中国制造业水平从总量上看还不错，但还不够精湛，工艺水平肯定不如日本和德国。那为什么苹果公司生产手机、电脑要找中国代工，而不去找德国、日本呢？难道只是价格原因吗？

实际上，全球制造业的竞争焦点不是能不能制造精密设备，而是制造体系够不够开放。这就是很多科技公司做制造只找中国，而不找德国或日本的原因。德国、日本有制造，但是没有外包制造。外包制造这个独特的本事，是当初西方国家为了"甩包袱"，外包给中国，我们自己锻炼出来的。这个本事在突然之间就有了价值。

中国的高端产品外包制造能力是独步全球的，不光是第一，更是唯一。而且，这个能力不是一个可以搬来搬去、随时迁移的能力，它的经验门槛很高。

多年来，特斯拉虽然不愁销售，但一直都有产能不足的问题。2016 年 3 月，特斯拉推出了 Model 3，发布仅一周订单量就达到了惊人的 32.5 万辆。特斯拉从 2017 年 7 月开始交付 Model 3。原本，特斯拉的车在美国制造，然而产品一再延期、跳票，无法实现每周 5 000 辆的产能。为了避免大面积退单，特斯拉的首席执行官埃隆·马斯克（Elon Musk）不得不跑到现场监督，睡在加州的工厂里。他甚至在工厂外面临时搭建了一条帐篷生产线，才勉强在 2018 年 6 月的最后一周实现了产能目标，避免破产。

现在，即使马斯克再不情愿，也只能到中国建厂。之所以做出这个决定，不是因为他有多喜欢中国，而是只有中国的制造能力能帮特斯拉解决量产的难题。他的目标是建立一个100%属于特斯拉自己的中国工厂，降低成本，实现大批量制造。

特斯拉工厂在中国建造的速度可以说是史无前例的。2018年7月，特斯拉和上海市政府签订合约；2019年1月7日，工厂正式开工建设；2019年9月11日，第一期工厂建设竣工。而在通常情况下，一家车企的生产基地需要两年时间才能建成。

制造业帮助中国成为世界第二大经济体，也将在不久的将来帮助中国成为最支持创新的经济体。

中国的优势是产业侧创新

前文讲过，科技创新发展到今天，已经不再是个体行为，而是一个复杂的生态。这个生态要完成的任务，就是把高校的科研成果转化成产品，推向市场。这是一个端到端的过程，它既有产品化的部分，也有产业化的部分——把产品批量复制，以相对较低的、社会可以接受的价格投向市场，才能使人们真正受益，提升整个社会的效率。

我将科研和产品化定义为"产品侧创新"，把量产和市场定义为"产业侧创新"。

产品侧创新是从 0 到 1，研发出产品；产业侧创新则是从 1 到 100 万，实现产品的量产。产业侧也有很高的科技含量，有大量的创新存在。要提高创新的成功率，越往后走，越是产业侧在起作用。

产品侧创新，中国正在迎头赶上，世界上也不会有垄断出现。并且，中国拥有独特的支持创新的产业侧能力。没有中国，创新的成功率会大大降低。

中国制造参与产业侧创新

中国的产业界大有可为，因为只有中国制造是支持创新的制造。这是我们的比较优势，但我们还没有把它充分地发挥出来。我们的制造企业主流还是被动地做代工，而不是有意识地去帮助创新企业成功。

我们应该主动思考，在帮助科技产品实现量产的方面自己有什么专长，在哪个领域做得最好，甚至应当在资本上提供支持。对小企业而言，量产是一笔巨大的投资。产业界如果参与进去，把制造当作投资，占一点股份，帮助小企业渡过量产的难关，对双方而言，是一个双赢的局面。

‖ 政府参与产业侧创新

关于产业侧的创新，政府是非常重要的一部分。

科技企业的优势是拥有更先进的产品。但当它还没有从1做到100万，利润没有明显增长，体量上不去的时候，就还是弱小的。而它的出现侵害了传统产业的利益，所以一定会受到具有市场控制力的传统企业的挑战。这个时候，政府的态度对于提高创新的成功率来说，就显得特别重要。

我常年从事中美科技投资的相关工作。最近几年，我观察到中国政府和欧美政府对创新的支持是有差异的。

欧美政府侧重于支持产品侧创新，也就是从高校成果转让到企业研发这一阶段的创新。比如美国独立的联邦机构——美国国家科学基金会（National Science Foundation），每年给初创企业的资助总金额高达2亿美元，专门资助那些把高校的科研成果转化为产品的小企业，且不占任何公司股份。

尽管美国的产品侧创新很成功，但是它没有针对后端的支持，不会单独补贴科技企业完成产业化。它们认为，这样的补贴对传统企业来说是不公平的，因为传统企业能带来就业。由于不能实现量产，创新企业的"死亡率"仍然很高，很难与传统企业进行竞争。

在支持产业侧创新方面，中国政府就做得非常好。对于由新技术催生的产业，中国已经形成了一个"梯度补贴"的政策体系：在产业处于幼年期的时候，对产业进入者提供补贴；当产品要开发上市的时候，为产品提供补贴；当产业壮大的时候，逐步取消补贴。这种政策优势，是电动车、太阳能产业在中国发展得特别迅猛的原因，但它们仍然是少数产业。下一步，我们可以把这种扶持政策推广到更多的领域，加速新技术的推广和老技术的淘汰。

不仅如此，我们还要出台政策，鼓励产业界更加积极主动地推动科技产品的量产，发挥我们的比较优势。以前，我们认为制造业不算高科技，也不算创业。相关的政策扶持、资金支持也不会给制造业。但如今，制造业成为中国的真正实力所在。政府在引导中国产业与高科技对接、支持科技产品量产方面可以起到巨大的推动作用。

‖ 用户参与产业侧创新

产业侧创新还需要用户的参与，因为科技先进并不代表产品体验友好，它需要愿意拥抱新科技的用户帮助它进行完善，使之符合更多人群的需求。新的科技产品也需要用户建立新的使用习惯，早期的用户可以产生示范效应，促进科技产品的传播。

在西方国家，公众对先进科技的接受度相对较低。美国这两年才开始普及移动支付和共享单车——这不仅发生在美国，其他很多发达国家都有类似的情况。尤其是最近几年移动支付在中国普及之后，很多中国人因为不能在国外扫码支付而不得不回到硬币时代。

相比之下，中国人对创新的接受程度几乎是全世界最高的。最近40年，中国社会处在快速变化的过程中。适应变化，接受新事物，对中国人来说是再正常不过的事情。加上人口规模因素，可以说，中国是世界上最大的科技产品消费市场。

而在科技应用上，中国人的紧迫感也更强。

我在匹兹堡考察了一家做移动物流机器人的企业。机器人有机械手，有视觉识别和自动抓取功能，可以在货架之间来回移动，识别货品。零售商店如果配备了这样的机器人，就可以做电商化改造——机器人自动配好货品，并将包裹发给用户。但是，这项技术要突破一个瓶颈：生产机器人的公司必须跟商家合作，明白店铺的规划、打包的方法、配送的完成方式，打磨出一个商业上可用的方案，才能生产出真正有用的产品。

当这家机器人公司和美国零售商谈合作的时候，零售商的接受度非常低。它们认为自己没有理由与机器人公司打磨应用方案，也没有义务帮机器人公司完善产品。但在中国，情况就很不一样了。在中国人看来，我帮你完善技术，我就能最早用上这个先进的产品，就能在市场竞争中抢占优势。跟我同行的一位中国企业家看到这款机器人，立即表示要应用到自己的公司中。

这种差异是中国的超大规模性带来的。在欧美，一项创新产生后，往往只有两三家企业在做类似的事，而且是按部就班、不紧不慢地做。而在中国，一旦一个创新产生，就有一千家企业同时在做。就算别人已经领先一步，还有企业奋起直追，甚至通过别的创新实现超越。产生这种差异是因为，我们的竞争意识更强，对科技创新的接受度更高。

在中国，几乎听不到任何反对"新"的声音，全国上下对创新都是高度认同的。科技创新的成功者是中国年轻一代的偶像，科技企业在中国也会得到更高的估值。我们在创新的推广和应用上更有优势。

创新是一个全球生态。前端是产品侧创新，环视全球，所有高校、所有科技领先的地方都可以成为创新的来源，中国也可以慢慢培养。后端是产业侧创新，需要量产能力，使科技产品以较低的成本覆盖全球市场，这是中国独特的优势。

在创新生态中，中国如果能够认清自己的优势，就能够成为推动全球创新的重要力量。

第二章

科技创新是一条产业链

///// "车库创业"时代 /////

等到 3D 打印技术成熟，这一波硬科技创业的浪潮就有可能再次回到车库。以前的车库是开发空间，未来会是生产空间。车库会被改装成一个工厂，而且量产能力还不错。过去，我们理解的工厂都是几万平方米的大厂房。未来，一个工厂可能只需要几平方米，就能够适应各种创新产品的制造需求。

上一章，我介绍了创新链条：科研—研发—量产—市场。这个创新链条代表了一个产业链，产业链中的每个环节都至关重要，缺一不可。科研环节，高校里诞生了大量的学术成果；研发环节，科技公司将高校的科研成果转化为产品；量产环节，产品被大规模地制造出来；市场环节，大规模生产的产品触达终端用户。至此，整个创新链条才算完成。

这一章，我会把创新链条的每个环节拆开论述，带你了解它们在产业链中的作用。只有了解每个环节所发挥的功能和价值，我们才能在这个创新链条中找到核心控制点，在产业链中占据优势位置。

高校：创新的源头

今天，创新的源头是高校。之所以把高校视为源头，很大程度上是因为科学和技术发展到今天已经密不可分了。

前沿科技的高校基因

在人类历史上的绝大多数时期，推动生产力发展的，都是技术，而非科学。

以蔡伦造纸为例，蔡伦并未深入了解与纸相关的科学原理，而是依靠一步步试错，改进了造纸工艺。再比如，爱迪生为了找到合适的灯丝，用2 000多种材料做实验。过去，我们把爱迪生当作榜样学习，但实际上，这种试错的方式效率很低。今天，我们有材料科学做支撑，知道了光电转换的原理，了解哪种材料转化效率高，能够释放更多的光子。我们完全可以在科学原理的指导下找到合适的材料，无须盲目尝试。这是创新效率提高的原因。

那么，这些在科学原理基础上得到的科研成果出自哪里呢？答案是高校。

从16世纪的英国开始，高校就有了研发职能。到19世纪70年代，美国、德国和法国建立了以高校为主体的科研体系。创建于1876年的约翰·霍普金斯大学是第一所以研究型大学模式建立起来的美国大学。它在创立之初的20年里培养的博士超过了哈佛、耶鲁两校的总和。克拉克大学、斯坦福大学和芝加哥大学之后也开始学习、借鉴约翰·霍普金斯大学的模式。140多年的时间里，高校科研体系得到了充分的发展。今天，全世界最新的科学成果大量集中在高校。我们看到的每一项前沿科技，背后都有高校科研的支持。

比如，现如今对社会产生广泛影响的人工智能产业，很大程度上是从高校酝酿出来的。在（人工智能）产业算法、算力和大数据训练这三个核心领域取得突破的关键人物，也都出自高校。2006年，多伦多大学教授杰弗里·辛顿（Geoffrey Hinton）提出了深度学习算法；2009年，斯坦福大学教授、在线教育平台Coursera的创建者吴恩达（Andrew Ng）提出用GPU（图形处理器）解决算力问题；2011 年，斯坦福大学的李飞飞教授找到利用大数据训练人工智能的关键方法——数据标注。

再看巨头们都在布局的自动驾驶领域。今天，自动驾驶领域的元老主要出自卡内基－梅隆大学、斯坦福大学和麻省理工学院这三所高校。2017 年 11 月，我参观了卡内基－梅隆大学的国家机器人工程中心，里面的一辆自动驾驶车获得了美国国防部高级研究计划局（Defense Advanced Research Projects Agency，简写为 DARPA）自动驾驶挑战赛的第一个冠军。

另外，风头正劲的机器人公司波士顿动力（Boston Dynamics）的创始人马克·雷波特（Marc Raibert）是麻省理工学院的教授，也是一位典型的学术派创业者。现在知道这个名字的人并不算多，但是在未来，雷波特或许会成为对世界影响最大的人之一。

至于在全社会引起很大争议的基因编辑技术，其三位发明人分别是麻省理工学院的终身教授张峰、加州大学伯克利分校的教授詹妮弗·杜德纳（Jennifer Doudna）和在德国柏林马克斯·普朗克感染生物学研究所工作的艾曼纽·卡彭特（Emmanuelle Charpentier）。他们各自成立了公司，并已全部上市。

这些科技热点，追根溯源都出自高校。在这个时代，企业要想在产品上有突破，没有科研的支持，没有高校的支持是做不到的。

高校技术转让路径

我在第一章提到，《拜杜法案》的颁布使创新的通道被打通，高校的科研成果可以源源不断地从学术界转让到产业界。那高校具体是怎么做的呢？

国外高校一般会设立技术转让办公室，由其承担科研成果的转换工作。目前，全美有300多个技术转让办公室。技术转让的专家会提醒教授，如果研究发明有进展，需要通知技术转让办公室，然后由相关工作人员评估研究成果是否符合专利注册和商业化条件。专利的申请以及技术转让手续的办理也由技术转让办公室负责。此外，为了吸引企业家关注，技术转让办公室会在高校网站上公布待转让的专利名单，面向社会发布新闻，以及上报技术经理人协会数据库。

如今，高校技术转让已经造就了一个专门的职业——技术转让经理人。从业者对内要跨过很高的专业门槛，与高校的科研人员合作，评估早期研究是否存在潜在的商业价值；对外要懂商业法则，能够与购买知识产权许可的公司进行谈判，沟通技术转让的商业化细节。此外，他们还要懂法律，能够评估科研成果申请专利的可能性，也能在商业合作中做到合法合规。

在美国的高校中，麻省理工学院和斯坦福大学最早开展技术转让，也最为成功。以麻省理工学院为例，学校负责技术转让的部门叫作技术许可办公室（Technology Licensing Office，简写为 TLO），是全美技术转让最频繁的机构之一。2014—2019年这 5 年间，学校每年都会产生约 800 项技术发明，其中有300~400 项会获得美国专利批准。通过专利转让，企业获得了专利技术使用权，能够将技术开发成产品。[1]

在科研成果转让的收益方面，美国、英国等国的顶尖高校有健全的产权收益制度，确保知识产权所有人获得丰厚的回报。一般来说，有两种收入分配方案是比较常用的。一种是固定比例制，即学校、院系、发明人各得 1/3，麻省理工学院、斯坦福大学采用的都是这种分配制度。另一种是累计递减制，就是发明人所得收入被划分为好几个梯度，每个梯度的收入比例随着专利许可收入的增加而下降。比如剑桥大学的分配比例是这样的：专利许可收入在 1 万英镑以内，发明人得 90%；收入在 1 万~5 万英镑，发明人分配的比例在 50%~70%；收入在 5 万英镑以上，发明人得 30% 左右。

根据美国大学技术经理人协会（Association of University Technology Managers，简写为 AUTM）发布的报告，1996—2015 年的 19 年间，大学技术转让对美国工业总产值的贡献为1.3 万亿美元，对美国国内生产总值（GDP）的贡献为 5 910 亿美元，并支持了 430 万个就业岗位。

科技企业的"死亡陷阱"

现有高校技术转让机制的好处很明显——专业的人干专业的事，回报利益清晰。但我们要承认，这种官方组织的作用仍然很有限，科技成果进入企业的转化率依然有提升的空间。

根据我的观察，科技企业在成长的过程中存在两个"死亡陷阱"：技术转让期和量产期。它们阻碍了大量科技成果的转化，大量有商业前景的技术仍然在高校被束之高阁。

无法发掘一项好的科技，就很难诞生一家好的企业。而技术转让这个环节之所以这么难，有以下几个原因。

首先，科技企业家是一种稀缺资源。前文提到，硬科技企业的创业专注于研发一项技术并将其产业化。进行硬科技创业的企业家既要懂科技，又要有丰富的商业运营经验。即使这样，从获得专利到把产品送上市，一般还要5~8年。科技企业家如果正处在创业过程中，看到一个好项目，也不能接手，只有等到这次创业结束，才有可能投身下一个项目。所以，一项技术被发明出来以后，只有被足够多的科技企业家知道，才有更大的机会碰到正在寻找下次创业机会的科技企业家。

其次，技术转让办公室作为一个高校机构，和产业界的联系不够紧密。技术经理人大多来自大学，并不认识太多产业界的人，多数时间是对外公布专利信息，被动等企业家上门。科技企业的建立，需要企业家凭借自己的人脉和消息来源，提前盯着教授在实验室里的研究，判断创新进行到哪个步骤。等科研成果申请到专利之后，再到技术转让办公室走转让程序。高校技术转让办公室的实际功能很大程度上仅限于履行程序，并没有真正起到牵线搭桥的作用。企业和高校对接的方式，靠的不是制度，而是人脉。

最后，产业界和学术界之间没有一个很好的对接界面，没有一个实时更新的、覆盖所有高校的、可转让的知识产权库可供查询。打开美国大学技术经理人协会的网站，你会发现它的介绍非常不全面——没有完全覆盖高校和对应的技术领域，展现信息的方式更加突出专利，而非技术。但是技术是一个专利群，一般来说，教授发明的一项技术会被律师拆成若干个创新点，分别注册成专利。如果单看这些专利，人们往往会一头雾水，很难理解它们的商业用途。

我在投资的过程中，观察到了很多令人痛心的现象。有的技术申请成专利以后，产业界不了解，五六年都没有转让出去，高校就没有继续缴纳专利费用，导致专利失效；有的技术明明有很好的商业前景，却因为迟迟未能被产业界看见，没赶上科技潮流；有的技术，教授坚持由自己或者博士生做商业转化，由于没有好的经理人，研发停滞不前，把融资得来的钱耗完以后，公司就倒闭了。

如何解决技术转让难的问题？目前，我看到了两方面的探索。

一种模式是成立专门机构支持和鼓励高校成果转化。这种模式的代表是美国亚利桑那州立大学的"创业工坊"（Startup Mill）。

创业工坊于 2015 年成立，创始人是亚利桑那州立大学技术转让中心的负责人查理·刘易斯（Charlie Lewis），他也是我的朋友。刘易斯做风险投资出身，有产业界背景。他利用个人的影响力，邀请自己认识的一些企业家朋友做"驻校企业家"，并介绍他们和亚利桑那州立大学做研发的教授认识，一起探讨教授手头科研项目潜在的商业价值。企业家一旦看到心动的项目，就会主动去做首席执行官（CEO），自己动手完成技术转化工作，把专利技术转化成产品。

创业工坊刚开始有 30 位企业家加入。后来由于亚利桑那州立大学的技术转让卓有成效，附近的其他学校陆续加盟。包括南加州大学、夏威夷大学在内的 8 所院校，都是由亚利桑那州立大学帮忙做技术转让和商业化的。企业家的规模在此基础上进一步扩大到了 150 人。这说明创业工坊的模式很有效，能吸引企业家和大学加入。

另一种模式是以名校校友会为纽带的人脉网络。名校毕业生到大公司工作，积累管理经验后，有一部分人会出来创业，并且积累足够好的信用和经验，成为连续创业者。当他们需要新科技的时候，自然而然地会回到母校寻找合适的技术。我们在投资的过程中发现，很多企业家都是在当年留校任教同学的科技成果之上创业的。这就形成了一种基于人脉网络的名校效应：学校越好，到好公司工作的毕业生就越多，出来创业的就越多；学校越好，好的技术就越多，以此创业成功的概率就越大。这也是一种学术界和产业界有效匹配的方式。

现在来看，第二种模式是基于人脉网络的方式，局限于所在学校的校友关系，不够开放，覆盖到的人群也不够广。虽然关系比较紧密，但是存在一定的随机性。而第一种模式是通过独立的平台机构来支持成果转化，且有专门的运营人员。因此，第一种模式比第二种更体系化、标准化、可复制。但这两种模式的规模都不大，从创新效率角度来看，还有比较大的提升空间。

所以，我们倡议在学术界和产业界之间建立一个更大的协作界面，对接全世界最好的技术和全世界最好的企业家。让企业家能够及时识别出最先进的技术，让高校能够挑选到最适合的企业家做技术转化。

⊪⊪⊪⊪ 企业：创新的产品化 ⊪⊪⊪⊪

过去，中国的地方政府热衷于"招商引资"，吸引资本的入驻。而今天，中国的地方政府普遍重视"招商引智"，吸引高校和科学家的入驻。这些高校和科学家手握前沿技术，但仍旧无法与市场对接，技术无法落地。这是为什么？

因为在这中间必须有一个把实验室技术转化为产品的环节，即"产品化"。

产品化是一个专业活

高校做的是科研，科技企业做的是研发，这是两个不同的阶段，所追求的和所需要的自然也不同。

科研追求的是单项领先，研发追求的则是平衡感。科学家追求单一技术的突破，发明出一项突破性技术，发表完论文，工作就完成了。科技企业要将一项技术产品化，还必须解决多项技术的协同问题，以满足实际应用的需求。

比如，一款好手机要解决很多功能与设计的冲突——要想显示亮度高，电池的消耗就会变快；要想电池容量大，手机的体积就会变大……企业需要取舍和平衡很多功能，要是每项指标都追求第一，反而做不好。

好的产品就像一支交响乐，特别嘹亮的小号是构不成一首乐曲的；只有控制好每一种乐器的进入时间和音量大小，才能演奏出和谐的音律。

科研追求的是理论突破，研发追求的则是技术性能的持续优化。衡量科学家创新性的，是一项技术的实验室指标、理论值实现了怎样的突破。而从实验成果变成实际可用的产品，还需要经历一个漫长的技术优化过程。

比如，2019 年的诺贝尔化学奖颁给了三位锂电池发明者——约翰·古迪纳夫（John Goodenough）、斯坦利·威廷汉（Stanley Whittingham）和吉野彰（Akira Yoshino）。威廷汉于20 世纪 70 年代首次采用硫化钛作为正极材料，金属锂作为负极材料，制成首块锂离子电池；古迪纳夫则是发明了可以量产的锂离子电池和磷酸铁锂电池技术；吉野彰于 1983 年提出了我们今天所知的锂离子电池专利申请，采用了原始概念并将其变得更为安全、高效和可靠。在威廷汉、古迪纳夫、吉野彰等人的研究工作的推动下，锂电池在 20 世纪 90 年代于日本推出。

虽然商业化的锂电池已经发展了 30 多年，但当人们把锂电池配备到电动车上时，依然存在续航里程短的问题。这就需要企业不断优化锂电池的性能和电源的管理，使电池的输出效率达到最优。不仅如此，企业还需要从电动车的设计入手，想办法为锂电池的安装找到更多空间，甚至需要改动整个底盘。类似这样的微小改进还有很多，它们加在一起，才有了电动车综合性能的提升——今天电动车的续航里程最高可以达到 1 000 千米。

研发是一项技术走向市场必经的环节。这个环节在中国是缺失的，在美国和欧洲却形成了一个巨大的产业，也就是前文提到的"科技企业 3.0"。

科技企业 3.0 的组织架构一般是"双长制"：一位有着丰富市场经验的首席执行官和一位有着深厚技术科研背景的首席科学家，双方合作，共同把一件高科技产品推向市场。

首席科学家一般是核心技术的发明人，在企业内兼任技术顾问。如果发明在后续有新的突破，还会继续转移给所在企业。他们只占少量股份，没有企业运营的实际决策权。首席执行官则是企业主导者，负责定义最终的产品形态、产品需求，并规划研发进度。此外，他们还要统筹融资、人力资源、量产、市场销售等所有环节。

首席执行官和产品的关系，就像乔布斯和iPhone的关系。乔布斯不是科学家，但他负责定义产品需求，然后组织人员、资本去实现产品生产和销售。

我们熟知的改良了蒸汽机的瓦特，他的角色就更像公司里的首席科学家——负责技术，让蒸汽机拥有足够高的输出功率，达到可用的水平。马修·博尔顿（Matthew Boulton）才是企业真正的首席执行官——他不仅出资成立了博尔顿－瓦特公司（Boulton-Watt），还承担了一个重要职责，就是当瓦特做技术遇到困境时鼓励瓦特，和瓦特一起结识其他领域的科学家和工程师。博尔顿是当时伯明翰地区著名的科学社团"月光社"（Lunar Society）的主要成员之一。参加这个社团的大多是当地的科学家、工程师、学者以及科学爱好者。经博尔顿的介绍，瓦特也参加了这个社团。月光社的活动使瓦特进一步增长了科学见识，活跃了科学思想。

1769年试制出带有分离冷凝器的蒸汽机样机之后，瓦特就已看出热效率低不再是蒸汽机的主要弊病，活塞只能做往返的直线运动才是它的根本局限。1781年，瓦特在参加月光社的活动时，会员们提到天文学家威廉·赫舍尔（William Herschel）在当年发现的天王星以及由此引出的行星绕日的圆周运动。这启发了瓦特：把活塞往返的直线运动变为旋转的圆周运动，就可以将动力传给任何工作机。同年，他研制出了一套被称为"太阳和行星"的齿轮联动装置，实现齿轮的旋转运动。为了使圆周运动更加均匀，瓦特还在轮轴上加装了一个火飞轮。由于对传统机械构造的这一重大革新，瓦特的这种蒸汽机才真正成为能带动机器的动力机。可以说，他的成就离不开企业家博尔顿在资金和人脉上的支持。

正是基于对上述规律的认知，国外高校更愿意将技术转让给优秀的企业家创办的企业，让企业组织研发，而不是转让给发明这项技术的科学家。

小企业碾轧大企业

过去，主导创新的是大企业，它们建立研究院完成产品研发，不断推出新的科技产品。比如，化工巨头杜邦公司下设的研究院，美国第一大移动电话服务供应商美国电话电报公司（AT&T）的贝尔实验室，通用电气（GE）的实验室，现代计算机技术的诞生地、施乐的帕罗奥多研究中心等，都是世界知名的研发中心。20世纪六七十年代的科技产品大多出自这样的研发中心。

20世纪末，情况发生了改变。新上市的科技产品背后，往往是一家小型的创业公司。大企业的创新也往往是收购小企业的结果。小企业成了创新的主力。这一切都源自《拜杜法案》的颁布。

其实，高校的初衷是让技术尽快商业化，造福社会，所以专利转让的首付费用特别低。同时，高校更看重另一笔收入——产品销售收入的分成。而决定这部分费用多少的，则是企业家的资质。所以，谁更能把这项技术商业化，高校就会将它转让给谁。

一件戏剧性的事情发生了。很多大企业最初为了降低专利转让成本，推动《拜杜法案》设立。但当专利转让成本确实降低以后，那些大企业发现自己反而失去了竞争力。它们需要面对科技创业者这一强劲的竞争对手。美国大学技术经理人协会的数据显示，1996—2015 年的 19 年间，大学技术转让孵化出的初创企业超过 1.1 万家，大部分高校专利都转让给了初创企业和小企业，近几年这个比例高达 70%。

从和高校谈判的角度看，个人创业者，尤其是有信用的、多次创业成功的个人，具有比大企业大得多的竞争优势。

大企业要获得一项专利，最多只会派一名部门主管或者一位律师到高校谈判。它们会同时购买多项专利，开展多条产品线。而且，大企业买下很多专利的行为是为了让竞争对手没有机会获得这项专利，这些专利的命运是长时间地被雪藏。

创业者则不同，他们会告诉高校：我将为这项技术成立一家公司；我未来的工作，就是把这项技术孵化成产品。

小企业的另外一个优势是，它们和高校的合作方式更灵活。

小企业通常会给发明技术的教授一部分股权或期权，一般不超过20%，将他们聘为首席科学家，邀请他们参与产品的后续研发。小企业还会让高校基金参与投资自己的企业，以一个合理的价格给高校企业2%～3%的股份。这对高校来说是一笔额外的投资收益。如此看来，这是个多方共赢的结局。而"世界500强"这样的大公司往往是直接买断，出手可能大方，但是结账之后，一切就跟发明技术的大部分相关人员没了关系。

高校的好专利与优秀的创业者之间的关系，就像一个向上发展的双螺旋结构。一方面，高校会非常仔细地挑选优秀的创业者；另一方面，一位特别优秀的CEO也一定会想办法获取最好的专利。而如果CEO自身资质不够，就拿不到好的专利；高校的专利没有太大的商业价值，也没有好的创业者为之服务。这是我们在进行科技投资的过程中发现的一种标准模式。

"招商引智"究竟该招谁

分析完从高校到企业的产品化过程，我们再回过头来看前文提出的一个问题：中国这些年从"招商引资"到"招商引智"的政策转向是正确的，但最核心的问题是，地方政府"招商引智"，究竟应该招谁、引谁？

普遍的误区是应该招科学家、院士、"千人计划"入选者，甚至到国外高校挖华人教授。但实际上，我们应该招的是海外专门做技术转化的创业型企业家，因为他们才是科技创新的主流。

如果我们不了解实际情况，只看新闻媒体的报道，就会产生这样的错觉：大量先进的科技是华人教授发明的，科技掌握在他们的手中。而事实是，科学家虽然是技术发明人，但是这些技术只是职务发明，他们没有专利的所有权，专利的所有权属于高校。绝大多数华人教授的科研成果是由海外高校授权给企业家进行产品转化的。科学家即便担任企业的技术顾问或者首席科学家，也只占企业很小的股份，没有决策权。世界上最前沿的科技不在"世界500强"之类的大企业，也不在科学家本人手中，而在科技企业家那里。企业家才是技术的实际控制人。

亚利桑那州立大学创业工坊的创始人刘易斯有句话："创业者都是'瘾君子'。"创业是可以上瘾的！当创业者享受了一次创业成功的喜悦，公司上市或者被并购以后，他们不会止步于此，一定会继续创业。哪怕退休了，还要到创业公司当顾问。在国外，连续创业者是非常普遍的。他们在创业的每家科技公司都待了四五年以上的时间，拥有工科背景，懂科技创新，又在企业内摸爬滚打十几年，有丰富管理经验，是科技创新的中流砥柱。

所以，我主张中国的政府和产业界应该和这些科技企业家对接，参与到这一轮全球创新的浪潮中来，因为这样的科技企业家阶层目前在中国是缺失的。

我们必须承认的是，中国高校的科研水平总体来看跟发达国家还是有明显差距的。高校离产业界比较远，转让技术时更倾向于把专利卖出一个高价钱，实现短期创收，而不是重视它能否被成功转化，为社会所用。而且，目前中国社会的信用机制不健全，高校把技术转让给小企业的时候会有很多顾忌，不敢以收入分成的方式降低首期转让费用，它们不愿意承担信用风险。所以，中国还没有形成先进科技大批量进入市场的局面，也就没有机会锻炼出一批专门从事科技转化的、有经验的企业家。

中国目前唯一比较通畅的技术转让渠道，是鼓励科技人员以离岗或者停薪留职的方式创业。但这一点违背了专业分工精神，因为企业经营和科研是两回事。科学家要投身企业经营，需要从头学习经商，建立人脉。所以，即便有科技人员创业的成功典范，也无法形成带动科技创业的核心链条。

我们可以通过向国外学习补全这个创新链条，就像我们当初建立制造业时一样。一开始我们学习的是如何与国外的厂商配套，等我们自己的制造能力成熟了，就可以架构整个产业链。同样的道理，现在我们可以通过积极地和先进科技对接，掌握技术产品化的能力。若干年后，我们也会拥有自己的科技企业家阶层，具备直接和高校对接的能力。

⊪⊢ 制造：创新的产业化 ⊣⊪

　　《拜杜法案》带来的这一轮创新主要是硬科技的创新，比如新材料、新能源、生物医药、工业机器人、航空航天等。无疑，在这些产业中，制造成了硬科技创新至关重要的一环。

为什么制造也是创新

　　科技企业的特征是技术领先，相对于市场上已有的产品，它们研发的新产品在性能方面有很大提升。因此，新产品的利润高，溢价空间也足够大。但是，如果产品不能进行大规模量产，这个巨大的市场潜力就无法兑现。

　　更重要的是，科技产品制造的前期投入巨大——建设厂房、购买设备、部署生产线、招聘工人……如果做不到量产，就无法摊薄研发和前期投入的成本，这会导致产品单价过高，从而大幅减少使用产品的普通消费者和下游合作伙伴的数量。而产品的市场占有率不达标，企业就谈不上成功。所以，量产能力和产品的市场优势密切相关。产量越大，企业的竞争力就越强。

以苹果公司为例。其实，它就算不与富士康合作，自己也能生产手机。但区别在于，如果苹果公司自己生产，可能需要将每部手机的售价提高到几万元，才能覆盖研发成本。而有了富士康对复杂产品的大规模开放制造能力，苹果公司就能从 2007 年卖出第一部 iPhone 到现在，在全球卖出超过 15 亿部手机，研发成本就这样被分摊到了海量销售的手机上。苹果公司的利润高，不仅仅是因为它的科技含量高，还因为强大的制造能力极大地提高了 iPhone 的产量，降低了每部手机的成本。

今天，我们听到了很多"黑科技"概念，也在各种展会上看到过很多外形酷炫、功能强大的黑科技产品。但是，很多都是做出概念机容易，要实现规模量产还需要很长时间。

比如这两年很热门的柔性屏。这项技术已经酝酿多年，但迄今为止，我们还没有看到大量的柔性屏产品面世。2014 年，深圳柔宇科技公司已经研制出全球最薄（0.01 毫米）、卷曲半径 1 毫米的柔性显示屏。但直到 2018 年 6 月，它在深圳的首条柔性显示屏量产线才成功投产。这个速度让柔宇科技在快速发展的同时，也遭受到外界的一些质疑。制造业的供应链改进是很难的，柔性屏生产线质量有一个爬坡以及和上下游生产线相互磨合的过程，所以一直到 2019 年才实现量产。

在 2019 年的国际消费类电子产品展览会（International Consumer Electronics Show，简写为 CES）上，柔宇科技展示了首款可折叠的柔派手机 FlexPai。CEO 刘自鸿介绍了他们目前可商用的产品。除了对其他手机厂商开放以外，在消费市场，柔宇科技在全球首先提出"柔性 +"的概念，即基于柔性电子的平台型技术，开发能广泛应用到各行各业的产品。这是一个有着很大发展空间的市场，因为未来我们会进入一个显示屏无所不在的时代，但是要跨越量产这个阶段确实不那么容易。

因此，任何新技术要推概念很容易，但在实际产品的制造过程中，需要不断的改进和调整才能提高效率、降低成本。显示屏领域资讯机构 DSCC 指出，即使像京东方这样领先的显示屏制造商，在 2018 年刚开始投产柔性 AMOLED 面板时良品率仅超过 10%，进入 2019 年后良品率才开始逐步提升至 50% 以上。能够做到这样的提升，除了时间，还要有各种设备、流程和工艺上的优化，更要有足够强的产业基础的支撑。由此可见，科技产品的量产绝对是个技术活。光有黑科技还不够，必须等到黑科技产品能够被稳定地生产，能够被批量供应，创新才算完成。

科技企业的量产难题

我们在投资的过程中观察到，很多科技企业在研发的路上没有倒下，却在研发完成后量产的这一步功亏一篑。因为主导这一轮科技创新的都是小企业，它们在研发阶段，每年只需要花费几百万美元，但当这些企业需要建厂实现量产的时候，要投入上亿美元。即便许多企业研发出了极具市场潜力的产品，还是因为拿不到足够的资金完成量产而纷纷"死"去。

科技企业的制造与传统企业相比，面临一个独特的难题——产品的更新换代快。历次工业革命代表产品的迭代速度，可以清楚地说明这个难题。

第一次工业革命，蒸汽机时代的代表产品——火车，一个世纪换一次。

第二次工业革命，内燃机时代的代表产品——汽车，10 年换一次。

第三次工业革命，信息技术时代的代表产品——电脑，5 年换一次。

今天的代表产品——手机，可以在一年的时间内更新换代。这是原来任何工业体系都无法承受的速度。企业如果跟不上这个速度，就会在激烈的竞争中被淘汰。

先来看一个前车之鉴。当智能手机出现的时候，最让诺基亚引以为豪的是，它是唯一一家有自己完整生产线的手机厂商。然而，这同时意味着诺基亚的创新能力会被抑制。因为生产线是按照原有产品的需求设计的，要创新就得调整整条生产线，这么做的成本极高。即便诺基亚愿意下血本做调整，它调整生产线的速度仍旧不够快。诺基亚也很难跟上创新经济的步伐。

诺基亚前 CEO 约玛·奥利拉（Jorma Ollila）说过一句话："我们并没有做错什么，但不知为什么，我们输了。"我认为，诺基亚是被"沉重的肉身"拖"死"的。

在我看来，企业要想创新，就必须外包生产流程，把生产流程转型的成本全部甩给别人，只做研发层面的创新。所以，我们才能看到苹果这么"奇葩"的公司。它自己完全不生产，只负责创新以及品牌和渠道的维护。这类公司甩出去的不是生产流程，而是风险。谁能化解这个风险，谁就能承接这个市场潜力巨大的产品。

如何化解风险呢？我国外交学院世界政治研究中心主任施展老师在《枢纽》这本书里提到，承包商必须同时满足两个要求：第一，干活必须足够有效率，没效率就拿不到订单；第二，生产过程必须足够有弹性，别人变的时候，承包商也要有能力跟着变。但弹性与效率是彼此矛盾的，因为效率的前提是专业化，而一旦高度专业化，就不可能有弹性。如果发包方的创意有所改变，承包方马上就会"死掉"。但如今，现实又要求承包商同时达成这两个彼此矛盾的目标。

事实上，中国可以解决这个难题，主要是因为中国在这一时期形成了一个庞大的产业网络，把弹性与效率这两个要求放到了两个不同的层次上处理。

一方面，高度专业化的单个小企业确保了生产效率。比如，施展老师在浙江考察时，就见过一些生产拉杆天线的厂家，一个厂家只生产其中的一节，可以说是专业化到极致，效率也达到了极致。

另一方面，专业化到这种程度后，很多家极度专业化的中小企业就形成了一个庞大的产业网络，彼此之间还能互相配套，而且这种配套关系会不断重组，确保弹性。供应链的规模越大，单个小企业越多，分工深度越深，组合可能性越多，弹性就越好。这样一来，就同时满足了效率高与弹性大两个条件。经济学上有个"范围经济"的概念，说的就是这种现象。

欧美国家为了将资源聚焦在高端产业上，才把它的生产外包出去，将中低端制造业大量转移到中国。在这个过程中，欧美国家逐渐失去了大规模工业化制造的能力。而中国在过去30年形成的这种独一无二的产业网络，是承接欧美国家大规模外包的一个重要前提。这种开放的外包制造能力在国外一直是稀缺的。

苹果公司现任首席执行官蒂姆·库克（Tim Cook）2017年在接受《财富》杂志执行主编亚当·拉辛斯基（Ａｄａｍ

Lashinsky）的采访时说过，之所以选择在中国制造产品，并不是因为中国的廉价劳动力——事实上，中国已经不是劳动力成本最低的国家了——而是因为制造技能。只有先进的机器和许多懂操作的人才能生产苹果设备，而中国在这方面做得非常出色。

所以，当这一批科技企业兴起的时候，它们就要到中国来寻找这种量产的能力，也使中国越来越适应这种快速变化的科技产品的制造。经过全球先进科技产品制造持续的训练，中国科技制造者的技术得到锻炼，中国的开放能力和对接能力也就越来越强，中国的制造优势会进一步扩大。

制造的未来

我们应该清楚地意识到，中国制造业虽然目前领先，却是一个窗口机会。10～20 年内，我们就可能面临被替代的危险。

什么会威胁到中国制造业的地位呢？

很多人说是"工业 4.0"。我认为，对这种看法不必过于在意。因为提出"工业 4.0"的德国并不是全球前沿科技的风口，也不是全球经济的领导者，似乎也没有借由"工业 4.0"优势超越美国的能力；相反，中国已经成为全球创新企业不可或缺的制造基地。

德国的"工业4.0"也强调弹性化生产。但它的弹性化是需求端的,不是供给端的。如果你要买一辆车,"工业4.0"可以做到为你进行个性化定制,让你选择颜色、内饰、配件。而实现个性化定制的前提是产品没有大的更新换代。所以,"工业4.0"只适合技术变化不快的大企业,对接不了小批量科技创新产品的生产。

中国则做到了供给端的弹性,不管科技企业拿来什么样的产品,在中国都能进行批量制造。就像iPhone,它不可能10年不改变型号,只改变颜色和外形。反之,它更新换代的速度很快,一年就要换一个型号。为这样的科技产品提供制造,是中国的优势。所以,我们千万不能被"工业4.0"牵着鼻子走。

真正挑战中国制造地位的是以美国为代表的先进制造——它用自动化来解决量产问题,这也是今天美国的创业重点。如果中美科技对接不顺畅,10年之内,美国自己的制造业就有可能快速崛起。到那时,科技企业就不再需要中国的制造能力了。

先进制造有三个大的突破点。

第一,开放式设计。

今天,一个科技产品在量产之前都需要经历一个环节,即调整产品设计以适应生产线的需求。这个过程需要人来完成,机器还做不到。所以,富士康最有价值的不是上百万的流水线工作人员,而是数千名踏踏实实做产品设计和优化的工程师。

现在出现了一种小批量生产的网络平台，它可以实现设计和生产的开放式对接。比如 CircuitHub，它将所有零部件参数化之后放到网上，人们可以在网站设计产品，进行虚拟调试，在网站下单后，就会有代工厂帮忙生产。我认为，这种网络平台会逐渐扩展能力，直到取代富士康，帮助企业完成剩下的设计调整和制造任务。

第二，工业机器人。

传统工业机器人生产线部署时间长，从生产线设计、调试到正式投入使用，还需要投入大量的人力和物力。而且，生产线一旦落成，就只能制造特定的产品。现在兴起了一种可编程的协作机器人，它比传统的工业机器人更具弹性——可以集成到一起。这就相当于一个小型代工厂，可以适应每一个创新产品的需求。

协作机器人的领军者是 Rethink Robotics。这家企业于 2018 年10 月破产，问题就出在了定位上。在科技产品的小批量生产领域，它找不到客户，因为大多数企业还是习惯到深圳去找代工厂。于是，Rethink Robotics 只好去和进行大批量生产的工业机器人竞争。但是在大批量生产领域，协作机器人所具备的弹性又显得多余了，价格也更贵。高不成，低不就，最终落得破产的下场。

但协作机器人将是一个大趋势，它不会停止，而是会从相反的方向逆袭。未来，进行大规模生产的工业机器人智能化水平将越来越高。当它们的智能化提升到一定程度时，就可以进行弹性生产。

那个时候，它们就能支持创新产品的制造了。所以，这只是一个方向问题。降低协作机器人成本很难，升级工业机器人相对容易。这个产业一旦成熟，美国的制造业也可以支持创新生产了。

第三，3D 打印。

3D 打印这项技术并不新鲜，它的优势在于，能快速实现复杂性小规模样品的研发，极大程度上降低了制造的难度；劣势在于，打印时间长，原材料种类少，大规模应用还需要一段时间。但是，高精度金属的工业级批量 3D 打印技术日趋成熟，已经应用在汽车和航空的零部件制造领域。随着 3D 打印技术的发展，其价格会逐渐降低，打印速度也会加快。可以预见的是，金属 3D 打印在工业领域应用范围会越来越广。它将革命性地改变整个工业设计和制造流程，挑战中国的制造地位。

中国的优势是产业集群。如果一个产品有 1 000 个零部件，我们就能在周围找到 900 个，不需要为每一个零部件开模生产，找现成的供应商就可以实现。这是中国制造强大的秘密。这种产业集群一旦形成，要迁移出去是极难的，你无法说服所有供应商一起到海外建厂。

而 3D 打印技术一旦成熟，一个产品的 1 000 个零部件，绝大部分都能用 3D 打印制造出来，国外企业就可以实现本地化生产，对中国产业集群的依赖度将大大降低。另外，3D 打印技术有一个特点——由计算机数据驱动，对复杂度不敏感。不管多复杂的工业器件，只要能够用软件完成三维建模，就能实现打印。因此，零部件数量会大大减少。

这方面走在前沿的是美国通用电气公司，它的一款新型涡轮螺旋桨发动机 Catalyst 利用 3D 打印技术，将 855 个零部件整合成了 12 个，不仅性能更优，而且成本更低。我们知道，一个产品的零部件越多，供应链和生产线就会被拉得越长，运输和组装所耗费的时间和成本就越多。而 3D 打印不需要组装，缩短了供应链，节省了劳动力，对制造业的影响可以说是颠覆性的。

现在国外有很多这样的公司，它们会系统地评估目前的产品里有多少个零部件可以用 3D 打印替换。比如著名的打印机供应商美国惠普公司的 3D 打印部门，它会评估产品零部件的大小、材料、技术等各项要求，看是否可以用 3D 打印来替代，是否还可以在打印过程中提升产品性能，以及跟传统的制造方法相比哪种方式成本更低。最后还可能对零部件进行重新设计，比如将一堆需要用螺丝、螺母拼接的零部件重新改造成一个整体，直接一体成型打印出来。

过去，企业产品的零部件全部需要从外面采购。采购量不大的话，采购成本就比较高。如果将零部件改用 3D 打印，不仅成本低，还能增强企业的控制力，因为它们不再需要掌握外面的合作伙伴关系，所有环节自己就可以控制。

至此，我想做一个大胆的预测：未来，我们可能重新回到

"车库创业"的时代。

"车库创业"最早的代表就是惠普公司,它是在车库里生产测试仪器仪表起家的。后来,"车库创业"成了互联网公司的天下,因为不需要太多的空间就可以完成软件开发。等到 3D 打印技术成熟,这一波硬科技创业的浪潮就有可能再次回到车库。以前的车库是开发空间,未来会是生产空间。车库会被改装成一个工厂,而且量产能力还不错。过去,我们理解的工厂都是几万平方米的大厂房。未来,一个工厂可能只需要几平方米,就能够适应各种创新产品的制造需求。

上述三个趋势一旦成熟,中国的制造能力就有被替代的危险。届时,制造的核心竞争力就会变成能源成本。在这一点上,美国要比中国有优势。届时,制造业就会从中国迁出。因此,我判断中国大概还有 10 ~ 20 年的窗口期。

我们需要抓住这段时间。一方面,让国外的创新没有顾忌地和我们对接,建立信任,提升我们服务全球创新的能力;另一方面,在先进制造这条路上,我们也要加快部署,突破物理距离,允许客户在线上也能对工厂进行很好的管理。只有在这两方面都做到足够领先,才有可能继续保持我们的制造优势。

市场：用户参与创新

一项科技需要经历科研、研发、量产、市场四个阶段，才会成为一种科技趋势。其中，市场对新科技的接受度，是考验一家科技企业能否存活的最后一道关卡。

"跨越鸿沟"理论仍成立

"跨越鸿沟"理论于 1991 年由美国科技领域营销大师杰弗里·摩尔（Geoffrey Moore）首次提出。他根据用户对新技术、新产品的接受度，将用户分为五类（见图 2-1）。

1. 创新者（innovators）：喜欢新东西，不在乎产品缺陷的用户。

2. 早期使用者（early adopters）：第一批使用产品的非发烧友用户。

3. 早期主流用户（early majority）：产品在市场上铺开一段时间后，才开始使用的用户。

4. 晚期主流用户（late majority）：从众用户，在产品占领大部分市场后依靠别人推荐购买。

5. 落伍者（laggards）：对高科技产品没有任何兴趣的人。

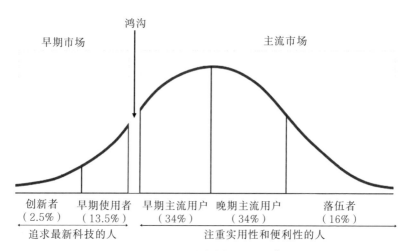

图 2-1 "跨越鸿沟"理论图解 [2]

创新者、早期使用者这两类属于早期用户，只占市场总量的16%。他们不仅懂技术，而且对新产品非常感兴趣，敢为天下先，即使产品不好用，也要先体验。比如，迄今为止，比特币钱包的用户使用体验极差，但很多比特币玩家还是在手机里装着这个应用。

这之后就存在着一个鸿沟。第三类早期主流用户更注重实用性，新技术被证明足够好用，他们才会采用。第四类是晚期主流用户，他们希望购买到这个行业的标准产品，只有看到周围的人都在使用，他们才会用。第三类和第四类是主流用户，占市场总量的68%。所以，企业大部分的利润掌握在这两类用户手中。科技企业要做的就是跨越这一鸿沟，引爆早期主流用户。只要获得了早期主流用户的认可，让其他人觉得这个新技术产品人人都在用，就容易推进到晚期主流用户中。反之，如果跨不过这个鸿沟，新的技术产品就会昙花一现，即使在前期备受瞩目，获得大量媒体报道，过不了多久，也会退出市场。

第五类是落伍者，这16%的用户排斥科技创新产品。比如那些迄今仍在用功能手机的人。企业要争取这部分用户需要付出的成本太高，可以放弃这部分市场。

为什么要重提跨越鸿沟理论呢？因为即使在今天，科技企业3.0依然面临这个问题。

首先，科技企业3.0从事的不是连续性的改进，而是非连续性创新；因为只有非连续性的创新才能带来巨大的商业价值。它们要推出的是汽车，不是跑得更快的马车；是电动汽车，不是更加炫酷的燃油汽车。与之相伴的，就是对用户消费习惯的巨大挑战。如果企业不重视用户的使用体验，即使技术领先，也跨过了量产这个"死亡陷阱"，在产品进入市场的过程中还是会失败。

其次，科技企业 2.0 从事的是软件开发，产品迭代速度极快。当用户发现产品瑕疵，提出新需求时，企业可以迅速做出反应，迭代产品功能。但在科技企业 3.0 时代，企业生产的是实体的硬科技产品，它不像软件那样可以随时调整，一旦投产、进入市场以后，即使有问题，也很难召回工厂重新改进。

最后，跨越鸿沟理论之所以值得重视，还因为它具有一定的迷惑性。任何先进科技产品推出以后，早期遇到的一定是发烧友。只要产品的技术领先、性价比不差，这前 16% 的用户一定会购买。当企业看到市场销量形成一条持续向上的曲线时，会画一条延长线，以为接下来销量也会自然而然地扩张，直到占领 50%，甚至 100% 的市场。于是，企业开始投入巨大的资金扩大产量。结果，第二批产品生产出来以后，突然滞销了，用户不再持续增长。这是因为企业并没有跨越鸿沟，没有赢得真正的主流市场。

几年前，我并没有意识到这个问题的严重性。2015 年，我和一些企业家朋友去斯坦福大学交流时，一位教授提到了跨越鸿沟理论，还专门给我们做讲解。我当时比较抵触，认为这个理论已经过时。早在十几年以前，苹果、微软、索尼等大企业就已经意识到它了，不会再有这种问题了。

后来，我在投资过程中发现，尽管时隔这么多年，跨越鸿沟理论其实仍然成立。因为很多科技产品的开发者是技术人员，他们缺乏市场经验，只考虑性价比，很少考虑用户体验和交互的问题。所以，在将这些科技产品推向市场时，他们往往会碰壁。

以我投资过的一家叫作 Lytro 的公司为例。这家公司的技术非常领先，但后来销售惨淡，经营不下去，于 2018 年被谷歌低价收购。现在回过头来看，其实 Lytro 的失败从一开始就注定了。

Lytro 的产品是光场相机，一张照片就可以记录下包含光线位置和方向信息的整个"光场"，并能够任意调整照片的焦点。我当时比较看好这项技术，因为它在 3D 图像合成、VR（虚拟现实）拍摄领域有着广阔的应用前景。但在实际中，这款相机拍出来的照片只有邮票大小，而且储存一张照片需要花十几秒，做不到连续快速拍照，跟目前手机的相机根本没法比。所以，Lytro 其实是在花费大量精力做市场无法接受的消费类产品。虽然这个产品有一个地方比其他产品强得多，但是别的产品都能做到的基础功能它却做不到，结果就是这款光场相机的销售非常惨淡。

这个案例给我们的教训是，科技企业要清醒地认识到在产品面市过程中有这样的鸿沟存在。

重视早期用户的参与

企业如何才能跨越鸿沟呢？答案是，在开展大范围的产品推广以前，就要保证足够好的产品体验，满足用户的使用需求。换句话说，就是从产品设计研发开始，让用户介入，参与创新。

传统企业和用户之间是"赤裸裸的金钱关系"。企业希望用户购买产品之后，最好就不要再和企业发生任何联系了，因为联系可能意味着售后服务、投诉、纠纷和公关危机。

科技企业 3.0 时代，企业和用户之间是合作关系。所谓"端到端的创新"，不光要有源头的高校科技，也要有末端普通用户的参与。在产品上市之前，就要找普通消费者中的高质量早期用户试用。用户给出反馈意见，企业和用户一起打磨，研发出来的产品使用体验自然就好。更重要的是，早期用户是很好的意见领袖，可以帮助企业做产品的口碑传播，吸引早期主流用户。最终以点带面，占领主流市场。

在中国，大家很熟悉的一个案例是小米。小米公司成立于 2010 年，不到 10 年就成了"世界 500 强"企业之一。它是迄今为止最年轻的"世界 500 强"企业，也是国际上能够被知晓的少数中国品牌之一。很多人羡慕小米手机的粉丝经济、口碑营销，其实小米成功的真正核心是 MIUI 社群。

小米从 MIUI 论坛开始，聚集 IT 极客，吸引了第一批早期用户。然后，它根据极客的需求设计产品，并进行小规模内测。极客把意见反馈给小米，从而快速迭代，完善产品。据小米创始人之一黎万强透露，在 MIUI 论坛活跃时期，小米官方只有 100 个工程师，却有 1 000 个由用户组成的有着极强专业水准的荣誉内测组成员，以及 10 万个对产品功能改进非常热衷的开发版用户，他们热情地为小米出谋划策。围绕这个核心社群，小米重构了包括产品定位、研发设计、营销推广与客户关系等在内的整个商业模式。所以，第一代小米手机推出的时候，市场反响非常好。小米手机被认为是 IT 极客的标配，这些人也成为小米手机最早的市场推广者。IT 极客很时髦，会被普通用户高看一眼；他们愿意用的手机，品质自然也差不到哪里去。所以 IT 极客也为小米相对偏高端的品牌形象贡献了价值。

在美国，我们也看到了早期用户参与创新的案例——每年在奥斯汀举办的西南偏南大会（South by Southwest）。

这个大会非常独特。它既是音乐节、电影节，也是科技节。它是美国，甚至是全球第一个把整座城市都变成会场的大会。中国国内有些做技术出身的企业家来参加西南偏南大会感到疑惑，认为这里展示的不是 CES 中展示的那类高科技产品，看不懂这个大会的价值在哪里。而一旦我们把视角切换到用户这一侧，就能明白两者之间的区别：CES 是办给行业内人士的展览，西南偏南大会是为极客用户打造的热闹派对。

2019 年 3 月，我们乘飞机去参加西南偏南大会时，我听到空乘人员说硅谷直飞奥斯汀的一趟航班中，乘客清一色全是科技公司的雇员。他们将这趟航班戏称为"nerdy bird"，nerd 指的就是精通技术的"技术呆"。

确实，参加西南偏南大会的人是一群思想上的极客，他们不仅热衷新科技，而且思想前卫。他们喜欢时髦、喜欢尝鲜，甚至喜欢一些古怪的东西。他们是科技企业最理想的早期使用者。比如爱彼迎（Airbnb）这样古怪的短租房模式，就是在奥斯汀得到认可，获得首批用户，进而获得主流市场认可大获成功的。

爱彼迎的创始人就是三位经常参加技术大会却住不起酒店的"技术宅"。Airbnb 即充气床垫和早餐（Airbed & Breakfast）的简称。他们设想把自家的房子，甚至是客厅沙发，租给所在城市的穷参会者。他们推出这个服务后，早期使用者很少，既找不到愿意把客厅租给陌生人的租户，也找不到愿意去陌生人家过夜的住户。直到他们借西南偏南大会的机会到奥斯汀推广，才找到了愿意出租客厅的古怪的奥斯汀人和愿意住进普通民居而不是传统酒店的古怪的西南偏南参会者。他们借助在西南偏南大会的成功进一步完善了产品，并借助西南偏南大会的口碑进行推广，才有了今天改变全球酒店住宿行业的成功。

还有一个例子是亚马逊（Amazon）。亚马逊由于掌握了大量的用户数据，开始进军影视行业。在 2019 年 3 月的西南偏南大会上，亚马逊搭建了一个体验空间，展示它还没有播出的新剧《好兆头》（*Good Omens*）。这样既可以测试用户的兴趣，也可以为新剧做预热，一举两得。

创新最大的难题就是如何让普通消费者能懂、能用好新科技产品。而要解决这个难题，最关键的就是要找到普通用户里的早期使用者来试用，来帮助完善产品。

我们欣喜地看到，近些年中国企业开始参加西南偏南大会。如果你的企业没有参会，也没有关系，你可以把产品放到国外的众筹网站上进行用户测试。比如 Kickstarter、Indiegogo，它们在互联网上聚集了一批愿意尝试新产品的用户。企业在量产之前，可以先在众筹网站上预售，测试并且预估市场，同时还能形成好的传播效应。这也是中国制造的产品出海进入国际市场的一种新方式。

中国人在创新生态里还有一个价值，那就是做创新的早期用户。中国社会的快速变化，使这一代中国人对新事物拥有很强的接受能力，比如手机支付。当美国大多数人还在用信用卡的时候，中国的消费者已经能在小商贩那里扫描二维码付款了。在中国的商场、酒店和博物馆中，我们能看到越来越多的智能服务机器人，它们非常受欢迎。所以，中国不仅能帮助全球创新解决制造问题，还能帮助科技企业解决跨越鸿沟问题。一个大规模且拥抱创新的市场是中国发展科技产品的巨大优势。

把科技变成时尚

科技产品想获得成功，要解决的不仅仅是技术范畴的问题，更应该注意从产品设计和用户体验的角度发力，把科技变成时尚。这方面的大师级人物是乔布斯。

苹果公司在乔布斯离开的那段时间推出了多款产品，比如Macintosh TV，新型号的 PowerBook、Power Macintosh，掌上电脑 Newton 等。这些产品概念都不错，但是不能引爆大众市场。苹果公司的销售份额一度下滑至 5%，失去了在个人计算机市场的主导地位，苹果电脑甚至一度成为专为平面设计人员服务的小众市场产品。

1997 年，乔布斯回到苹果公司后，砍掉了很多产品线，并认为苹果公司急需一个新产品打响市场。他决定把一款 Mac 电脑作为重点产品进行包装。

很多 70 后可能还记得，20 年前的电脑显示器颜色都是灰色的，形状则是一个很丑的大方盒子。当时的主流电脑供应商认为，高科技产品不需要美观，只要功能足够强大，价格足够便宜就行。给电脑精心设计外形，就像"给猪涂口红"，只是增强产品吸引力的表面功夫而已。所以，当时的工业设计师满脑子想的都是把零件塞进最便宜的塑料壳子，然后用最快速度卖出去，没有人把设计作为产品的卖点。

乔布斯却是个另类。他认为，当电脑越来越普及时，它就不再是一款技术设备，而是一个家中陈设的物件。好看的电脑可以成为人们自我标榜的工具、高品位的体现，而不是不得已的选择。

所以，乔布斯在整个行业都不重视设计的年代，把设计置于苹果产品开发流程的核心地位。他大胆起用新锐设计师乔纳森·伊夫（Jonathan Ive），让他全程参与产品的开发过程。即使电脑后壳用的仍旧是塑料，但是他们会认真思考怎样才能让它看起来不像地摊货，最终把它做成了半透明的样子。这才带来了令世人振奋的 iMac G3。这款电脑把显示器、机箱融为一体，配以墨绿色的、半透明的、椭圆形的外壳，特别酷炫。它非主流的外形吓坏了苹果的许多合作方，但在上市后获得了空前的成功——正式发售 4 个月，就卖掉了 80 万台，成为苹果公司史上卖得最快的电脑。

为了推出 iMac G3，乔布斯还专门拍了一支广告，自己写词并配音。广告的主题是"向特立独行的人致敬"。出现的人物包括爱因斯坦、甘地、约翰·列侬、鲍勃·迪伦、毕加索、爱迪生、卓别林等，他们都是乔布斯心目中的大英雄。这些人是"疯子"，是卓尔不凡者，是反叛者，是制造麻烦的人，是看法与众不同的人，是不循规蹈矩的人。他们改变世界，推动着人类前进。

iMac G3 是让科技成为时尚的第一个产品。以前时尚是时尚，科技是科技。乔布斯认为，科技本身就是时尚的，科技也能引爆潮流。他用酷炫的产品设计和鼓动人心的广告，给用户一种标新立异的感觉，得到了市场的热烈响应。这是一种典型的用户思维，这种用户思维也延续到了苹果公司的其他产品上。

手机原本并不是一种时尚。人们不会一直把它拿在手上，而是经常揣在兜里。所以，苹果公司就做了这样一条广告：一群人戴着白色的耳机跳舞，人是黑色的，耳机线是白色的。早期的耳机和耳机线一般都是黑色的，苹果的这种设计非常醒目，这是一种破天荒的设计，带着白色耳机线的 iPhone 成为年轻人追捧的时尚单品。

苹果公司不是从产品性能角度出发，而是从用户体验和用户传播的角度出发来解决跨越鸿沟问题。科技产品是新的，用户行为也是新的，这对科技产品的推广而言是一个巨大的阻碍。而一旦赋予科技产品酷炫的特性，它就有更大的概率流行起来。

第三章
创新生态的其他参与者

////// 产融资本 //////

投资人把产业操作和资本运作结合到一起，为科技企业提供一个完整的解决方案，包括：前期，引入大企业的资本，投资初创企业；中期，投资制造企业，并帮它们和科技企业对接，以解决量产问题；后期，以上市时间倒推，帮助企业融资以开拓市场，直至上市。

上一章，我们系统梳理了创新链条的四个环节：从高校转让科研成果，到科技公司进行研发，到产业界将产品实现量产，最终到市场端的用户。但是，如果要构成整个创新生态，还需要众多其他参与者加入，包括大企业、资本、支持机构、创新区和政府。在这些参与者的支持下，创新链条的每个环节都不是孤立的，而是互相之间密切协作、共同发展，最终构成全球化的创新生态（见图3-1）。

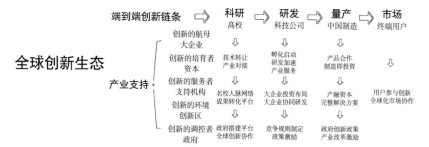

图3-1 全球创新生态各环节

⫸⫸⫸ 大企业：创新的航母 ⫷⫷⫷

我们经常讲"蚂蚁战胜大象"，即小企业颠覆大企业的故事，认为大企业不仅行动僵化，而且会遏制创新。在中国的互联网创业领域，经常有人问初创公司的问题就是：如果BAT（百度、阿里巴巴、腾讯）要来做跟你们类似的业务，你们会怎么样？言下之意就是当心被大企业抄袭。小企业一旦不得不跟资源丰富的大企业竞争，结局通常比较惨淡。

但是换一个角度来看，在整个创新生态中，大企业是非常有价值的。它的角色就像航空母舰，虽然本身的作战力和灵活性很差，但是可以凭借规模优势，搭载和孕育很多创新。

大企业是创业者的"黄埔军校"

优秀的大企业是创业者的"黄埔军校"。它们培养的人才就像播散出去的种子，可以生长出新的企业。之所以这么说，有以下几个原因。

第一，创业者能从一所所"黄埔军校"收获管理经验，积累足够多的人脉和资源。

企业经营管理是一个相对抽象的知识系统。如果一个人没有真正参与过企业管理，只是通过学校的学习了解一些管理知识，其实并没有太多帮助。好的企业家往往经历过多年的实战训练。而要积累管理经验，有两条路径。

一条路径是在年轻的时候，加入初创企业。如果你周围有牛人开始创业，你也看好这个项目，就可以积极加入，成为联合创始人。企业不断发展壮大，你就经历了一家企业完整的成长过程，可以从中学到非常多的经验：如何把握市场机会，如何管理快速成长的企业……之后独立创业，成功的可能性就大很多，投资人也会放心地把钱给你。但这种方法培养出的优秀科技企业家数量相对较少，毕竟这样的机会真的不多见。

更常见的是第二条途径。一毕业就加入大公司，在一个大的平台上浸润多年，建立广泛的人脉，接触大量的优质资源。看到好的创业机会时，就能利用积累的经营管理能力创立自己的企业。

第二，这一代企业家功成名就的时候还很年轻，他们给创业者起到了很强的示范作用。

今天的大企业，曾经也是初创公司，也是一步步从小到大做起来的。从2019年"世界500强"的榜单可以看出来，公司成立时间在50年以下的占比近五成。其中，脸书（Facebook）、腾讯、小米这些企业的创始人，在世界富豪排行榜上也占有一席之地。年轻的他们在创业20年左右后就取得了辉煌的成绩。

榜样的力量是无穷的。这些企业的创始人仍然年富力强，他们在工作中，经常会和员工见面；开年会时，会站在台上面向员工发表演讲。在这样的大企业工作的人，耳濡目染，从创始人的经历中受到激励，往往更有创业的冲动。员工会觉得，在有生之年创立这样一家企业，自己也能做到。很多在腾讯工作的员工希望成为下一个马化腾，很多在阿里巴巴工作的员工也希望成为下一个马云。小米的创始人雷军出自金山，滴滴出行的创始人程维出自阿里巴巴，小鹏汽车的创始人何小鹏也出自阿里巴巴。你看，创业的激情是可以传染的，创业的基因和方法也是可以传承的。

第三，大企业的员工素质高、有信用。

大多数能被大企业聘用的人都是名校毕业的，名校毕业的学生也愿意投奔大企业，这就会形成一种正向循环。名校光环加上大企业背书，会让创业者的信用值十分高。他们不仅更容易拿到高校的专利技术，也更受投资人的青睐。

比如，今天声名远播的太空探索技术公司（SpaceX）和特斯拉公司创始人埃隆·马斯克，著名硅谷投资人、《从 0 到 1》（*Zero to One*）的作者彼得·蒂尔（Peter Thiel），领英（LinkedIn）创始人里德·霍夫曼（Reid Hoffman）都出自贝宝（PayPal）这家企业，也都在斯坦福大学或伊利诺伊大学香槟分校就读。由于从贝宝离职的员工再成立其他科技公司的成功率极高，他们也被《财富》杂志称为"贝宝黑手党"。

此外，还有著名的"戴尔帮"。一些戴尔的员工在戴尔上市之后因为手中大量的股票而成为亿万富翁，这些人从公司退出之后形成了一个很好的网络，不管是做投资还是再创业，其相互成就的动力都很强。同样，在中国也产生了"华为系""腾讯系""阿里系""小米系"等创业社群，其核心成员都是来自这些快速成长的大企业里的高素质员工。

这些创业者出自同一家公司，在创业时也会携带原来大企业的基因。这样一来，他们在人员、资本、业务上就会结成一个庞大的网络。我把这种一家企业做大之后带动周边创业的现象，称为"黄埔军校效应"。这些从大企业获得经验、资源、资金、技术后出来创业的人，是科技企业家最主要的组成部分。

大企业为什么不该自建研究院

在 20 世纪，大企业是创新的主力。它们的研究院和实验室是世界创新的中心，也是其保持核心竞争力的护城河，比起大学实验室，更能引领整个产业的发展。

比如，贝尔实验室是许多重大发明的诞生地。1947 年贝尔实验室发明了晶体管，开启了微电子产业的革命；1954 年，第一块太阳能电池在该实验室诞生，人造卫星就受益于这项技术。此外还有通信卫星、蜂窝移动通信设备等发明，极大地推动了通信产业的发展，深刻地影响了今天的人类社会。施乐的帕罗奥多研究中心是许多现代计算机技术的诞生地，它的创造性研发成果包括个人电脑、激光打印机、鼠标、以太网等。杜邦中央研究院诞生了许多造福人类的化工和材料技术，仅高强度的芳纶材料就促成了防弹衣、防弹头盔等军用装备的研发。

然而近 20 年，这些研究院都经历了大规模的关闭和裁员。2001 年，贝尔实验室的众多部门被关闭，实验室大楼数年后被拍卖。2002 年，施乐的帕罗奥多研究中心成为一个独立的分公司。2016 年 1 月，杜邦中央研究院大规模裁员，其中两个部门（高分子科学和工程部门、材料科学和工程部门）的员工总数从330 名缩减到 34 名。[1]

这些大公司的研究院为什么会纷纷关门或大批裁员呢？主要

原因是效率太低。

研究院既做科研，又做研发。一方面，科研成果的出现具有很大的偶然性，不是砸钱就能出成果的。这部分的职能最好由大学来完成——用公共研究资金来进行基础科研。另一方面，科研成果能不能转化成产品，也充满不确定性。双重不确定性叠加在一起，使研究院的投入经常石沉大海，不能给企业带来充分回报。

比如，鼠标、计算机图形界面技术的雏形其实都是在施乐公司的帕罗奥多研究中心研发出来的，但是这家公司没有把这些发明创造转化为产品推向市场。如此超前的设计最终被乔布斯"借用"在苹果电脑里，做成了"改变世界"的产品。高成本和低收益，让企业研究院成了奢侈品，成了公司的负担，被关闭基本上是命中注定的。

还有一个重要的外部因素，就是《拜杜法案》的颁布使小企业成了创新的主导者。

这个时候，大企业的策略就应该进行相应的改变：它们要做的不是自建研究院，而是把自己打造成一艘航空母舰。一方面，利用资本进行产业布局；另一方面，凭借庞大的市场规模优势，与小企业协同研发，把最新的技术整合到自己的产品里。

苹果公司可以算是这方面的典型。苹果以创新闻名，其实它的很多新技术都是收购来的：苹果刷脸认证方式（Face ID）来自它收购的以色列的人脸识别公司 RealFace，相机芯片来自它收购的 3D 深感相机公司 PrimeSense，Apple News+ 订阅服务来自它收购的数字杂志分销商 Texture，Animoji 三维动画表情来自它收购的面部识别和实时映射技术公司 Faceshift，ARKit 来自它收购的德国 AR（增强现实）技术企业 Metaio……库克在接受采访时曾经说，苹果公司平均每 2 ~ 3 周会收购一家企业，就是为了搜寻人才与知识产权。

除了直接收购，苹果公司还会跟供应商协同研发。比如，iPhone 里的点阵投影器技术一开始是应用在光通信领域的，有十几家公司同时在做。苹果公司通过考察，选择了 Lumentum 这家公司，和它协同研发，把这项技术应用到了 3D 面部识别领域，令其获得了更大的市场。

这是一种全新的模式，可以概括为三个步骤：科技扫描、产业布局和协同研发。

科技扫描的对象是信息。企业要盯住高校，密切关注前沿科技的进展。跟踪的面也要广，因为你不知道颠覆性的技术接下来会出现在哪个领域。跟踪的原则是名校、名师、名徒，这是因为今天的很多技术都"系出名门"。

产业布局的手段是资本。当有价值的专利技术被高校授权给创业公司时，企业就要去做战略投资。一开始可以只做少量的风险投资，以建立合作关系，但要争取进入董事会，争取到更多深入了解的机会，之后再逐步加上更多的战略合作。等水到渠成时，就可以最终实现并购。

协同研发的结果是产品。现代产品都是多项科技集成的结果，大企业找到和自己的产品有很强互补性的技术时，一定要协同研发，让小企业和自己的产品研发部门对接，把新技术整合到产品中，提高竞争力。

国外的大企业正在慢慢地规范这种模式，以逐渐取代原来传统的研究院模式。这种模式与研究院模式相比，有很多的优点。

首先，大企业可以通过并购规避研发风险。小企业擅长的是与高校对接科研成果，进行研发，而且研发的灵活性高，试错成本低。等到产品研发得差不多时，大企业再和小企业谈并购，把这项技术应用到自己的产品中。毕竟，大企业更擅长量产和市场。

其次，大企业可以通过筛选技术路线，进一步规避研发风险。任何一个领域都同时存在多个技术方向，这些技术有时是相互竞争的，在没有成熟之前，很难确定哪个技术最终会赢。这时就应该在每个有希望的技术方向下赌注。但赌的方式不是把自己押上去，这样风险过大；而是和这些做研发的小企业保持密切联系，让它们先去尝试，看谁能"跑赢"。等到技术路线明晰了，大企业再把它整合到自己的产品里，实现量产。

最后，小企业的研发氛围更浓厚。研发是一项长期任务，能否做成具有很大的不确定性。大公司很难用股权方式去激励研发人员。相比之下，小企业有着更为浓厚的创业氛围，股权和期权激励方式更灵活，研发效率更高，更容易出成果。

如此看来，大企业和小企业合作能够达成双赢的局面：大企业会通过协同研发和资本并购获得创新力，小企业也能得到更多的合作和生存机会。

以全球最大的医疗器械公司美敦力（Medtronic）为例。国泰君安的一项报告显示，20世纪80年代开始，美敦力不断通过并购扩展产品线。自20世纪90年代以来，美敦力完成了近100项并购交易，披露总规模超730亿美元。这些并购不是单纯的投资，而是从产品到技术再到市场的战略布局。比如，1998年美敦力以36亿美元收购了枢法模·丹历公司（Sofamor Danek），将脊柱产品业务设为公司的重要业务部门；2001年美敦力以37亿美元收购了MiniMed和MRG公司，这笔收购让美敦力在2009年占据全球58%的胰岛素泵市场；2007年以39亿美元的价格收购了竞争对手Kyphon公司之后，美敦力的脊柱业务快速增长，成为全球最大的脊柱产品生产商；2015年1月，美敦力以接近500亿美元的价格收购了柯惠医疗（Covidien），这次收购成为医疗器械史上最受瞩目的并购案之一。[2]美敦力投资小企业时，有这样一条要求：美敦力必须在投资企业的董事会占有席位。这个要求的目的就是密切关注小企业的发展情况，等到适当的时机就谋求收购。

我在海外做投资时，如果看到有医疗器械公司拿到了美敦力的投资，就格外倾向于投资它。因为这意味着这家公司已经出现在美敦力的战略雷达版图上，美敦力会长期跟踪它，并为其提供更多的合作机会，未来它被美敦力收购的机会也大。这样对小企业的其他投资人来说，也会拥有一个顺畅的退出渠道。

大企业如何前瞻性投资布局

科技扫描、产业布局和协同研发这三个步骤是大企业保持创新力最高效的方式。但在具体操作层面，各家企业又呈现出差异。目前，我们观察到三种模式。

第一种是三星模式。这种模式的特征是早投资、早协作，最终谋求并购。

采用这种模式的大企业，生产的往往是集成多项技术的复杂产品，需要大量互补性创新技术。

比如，三星（Samsung）收购的一个案例与量子点技术有关，这项技术最大的市场是液晶显示屏。因为三星是全球最大的显示屏生产厂家之一，一直在做显示领域的技术跟踪。它认识到量子点技术未来前景广阔，便同时入股了持有这项技术的

Nanosys 及其竞争对手 QD Vision，并抓住 QD Vision 撤资裁员的契机将其收购，将 QD Vision 变成自己的子公司。中国公司 TCL 和海信虽然和 QD Vision 建立过合作，但由于 QD Vision 被三星收购，TCL 和海信只好转而和三星合作。在显示技术的发展上，三星通过这样的策略再一次占据了产业制高点。

这个例子告诉我们，大企业投资、并购小企业，需要全球化的眼光和长期规划。在长期规划方面，三星每一步的操作都颇有章法。当小企业刚成立时，先做轻量级的战略投资，争取进入小企业董事会，有相互了解的机会。等技术相对成熟，产品开发出来，再去收购。但是，国内大企业最常见的做法是，前期没有战略投资培养关系，后期又希望直接收购。这种收购在大多数情况下是无法完成的。即使最后收购成功，往往也会因为文化差异和战略协同不一致，导致被收购团队提前出走或者技术整合不顺利，最终收购方可能会付出更高昂的代价。比如，收购不仅要花费大量资金，而且因为没有前期的引导，收购的技术也无法直接应用在产品上，还要经历一段较长时间的研发过程。

第二种是迪士尼模式。这一模式的特征是建加速器，合作推出产品，不以并购为目标。

我们知道，迪士尼（Disney）是拍动画片、建主题乐园起家的全球娱乐集团。但你可不要因此小看它，迪士尼实际上是一家科技企业。它的科技是从哪儿来的呢？迪士尼不做研发，而是成立了一个梦想加速器——每 3 个月招 10 家科技企业，不仅给钱，还和这些企业共同研究二者业务的共同点，授权这些公司使用迪士尼帝国旗下的故事、人物、技术和其他资源。如果公司发展得好，就继续追加投资。

比如，迪士尼和 Sphero 推出的机器人玩具 BB-8（见图 3-2）。这款机器人出现在电影《星球大战 7》中，是世界上第一个可以被手机操控的球形机器人。根据彭博社（Bloomberg）报道，这款 BB-8 玩具在 2015 年 9 月开卖后短短 12 小时内就售出 2.2 万台，可以说是大获成功。

而推出这款机器人的公司 Sphero 成立还不到 10 年，非常年轻。在和迪士尼合作之前，它虽然小有名气，但产品的销量一直低迷。Sphero 公司的转机始于 2014 年参加了迪士尼的加速器孵化项目。迪士尼正好是电影《星球大战》出品方卢卡斯影业（Lucasfilm）的母公司，它看中了 Sphero 的技术，觉得高科技玩具和迪士尼电影有非常高的互补性，而且迪士尼有自己的 IP（知识产权）优势和市场推广能力。一个有科技，一个有市场，双方一拍即合，达成了深度合作。Sphero 为迪士尼量身定做的这款 BB-8 机器人玩具，既推广了球形机器人这项技术，也帮 Sphero 打了一个漂亮的翻身仗。

《福布斯》杂志曾经评论道，BB-8 是有史以来最好的《星球大战》衍生品。它不仅给电影做了广告，还创造了丰厚的收入。这是一个非常成功的合作典型。不管迪士尼未来会不会并购Sphero，像Sphero这样的科技公司都非常愿意和迪士尼进行深入的战略合作。这些公司不仅帮迪士尼提升了科技水平，也借助迪士尼的力量获得迅速的发展。

图 3-2　Sphero 于 2017 年推出的机器人玩具 BB-8

　　第三种是思科模式。这种模式的特征是企业专注自身业务，将投资功能外包给专业的风险投资机构。

　　计算机行业的技术日新月异，身为全球领先的网络硬件公司，思科（Cisco）最担心的并不是华为、中兴、北电网络（Nortel Networks）、阿尔卡特等大企业的正面竞争，而是它覆盖不到的小企业新技术的出现。思科认为，必须建立自己的行业雷达和风险投资业务，在全球范围内准确扫描新技术，通过风险孵化，将它们并购整合到自己的体系之中。

但思科是上市公司，不适合扮演风险投资的角色，因为上市公司决策慢，面对风险更加谨慎。因此，思科需要一家专业的风险投资公司配合。它的老东家红杉资本（Sequoia Capital）就扮演了风投和孵化的角色。

红杉资本是思科的早期投资人。思科上市后，红杉资本转身做了思科的投资代理人。红杉资本帮助思科跟踪全球科技前沿，寻找合适的投资标的。红杉资本投资后，将它们推荐给思科，由思科对项目进行孵化培育。如果孵化成功，企业成长到一定阶段，思科会将其收购。红杉资本能变现收回投资，思科也整合了先进技术，强化了自己在产业领域的领先优势。可以说，红杉资本已经成为思科的半个战略投资部门。

大企业的成功经验告诉我们：在创新生态里，大企业起到了至关重要的作用，它就像一艘航空母舰，搭载和孕育了非常多的创新。大企业是创业者的"黄埔军校"，培养了许多优秀的人才。这些人才从大企业里获得了经验、资源、资金、技术，创立了优秀的科技公司。大企业并没有停止创新，而是随时密切关注高校里前沿科技的进展，进行前瞻性的产业布局，与小企业协同研发，不断提高自身的科技竞争力。

资本：创新的培育者

在眼下的诸多变革中，我认为最重要的一场革命将发生在资本领域。科技企业 3.0 需要的资本工具发生了巨大的改变。

一代企业有一代的资本

历史上，曾经出现过以下几种企业融资模式。

科技企业 1.0 时代要解决的是量产问题，所以需要大资本的支持。这个时候，投资给企业的资本金额很大，投资回报周期比较短。量产完成后，投资方很快就能收回投入。在这种情况下，资本的价值比企业家大，资本可以控制技术。

我们来看看那个时代的典型企业——通用电气公司的前身爱

迪生照明公司。发明家爱迪生自己的股份在公司发展过程中被不断地稀释,以至于到最后,这家公司变成了摩根(John Morgan)控股。作为技术发明人和创始人的爱迪生,还因为种种原因被请出了董事会。公司跟他已经没有什么关系,真正的获益者是摩根财团。

今天,我们见到的大型投资银行,比如摩根士丹利、摩根大通、高盛,都是在100年前把握住了科技企业1.0的趋势,在为这些快速成长的产业公司提供金融和资本服务的过程中,成长为全球资本市场的大玩家。

科技企业2.0时代,研发被放入企业体内。这个时代的研发往往周期长、风险大,能否得到成果是个未知数。这时,投资者一次性投入一大笔资金的模式就不成立了,于是出现了风险投资模式。为了降低风险,风险投资机构还发明了分期投入的办法——每进行一轮投资,就要做一次评估,而且每轮投资的金额都不大。与此同时,投资机构的话语权也变小了。

风险投资机构不需要特别懂产业,也不需要介入产业的运作,只要眼光好就行。风险投资机构的代表是红杉资本、凯鹏华盈(KPCB)、软银(SoftBank)。它们在20世纪七八十年代出现,靠投资苹果、谷歌、阿里巴巴、雅虎等互联网企业发家。它们和投行一起,组成了我们今天看到的一级金融市场。

科技企业3.0时代,企业从高校获得专利,再转化成产品,研发周期比科技企业 2.0 时代还要长。而且，科技企业 2.0 时代的产品是软件和 IT，研发完成后，扩张的边际成本基本为零。而科技企业 3.0 时代的产品是硬件，需要一大笔资金解决量产问题。这就相当于科技企业 1.0、2.0 时代遇到的问题，科技企业 3.0 时代都会遇到。所以，如果继续沿用科技企业 2.0 时代的风险投资模式，就会出现问题。

我们在投资的过程中观察到，很多科技企业度过了研发阶段，却止步于研发完成后量产的前夜。这是为什么？

量产所需要的资本投入大，风险也大。更重要的是，量产阶段投进去的资金大多是厂房、生产线等固定投资，搞不好就成了沉没成本，投资人会血本无归；不像研发阶段，如果出了问题，扣掉人员工资和各项成本，公司账上还可以有一些钱还给投资人。

风险投资机构是支持软件创业起家的，不懂产业，也承受不了这样的风险和损失，因此不敢轻易支持硬科技企业量产。而投资银行的实力虽然雄厚，但它们只投回报周期短的项目。这就导致大量科技企业从风险投资机构融到的资金，只够在漫长的研发期将产品做出来，而无法拿到足够的资金实现量产。很多企业处在生死存亡的状态。

这里的生死存亡和科技企业 2.0 时代的生死存亡，存在很大的差异。科技企业 2.0 时代，企业处在生死存亡的状态是因为市场需求不确定，无法确定一个产品推出以后，是否会受到市场的欢迎。而科技企业 3.0 时代，很多企业已经瞄准了一个巨大的市场，拿到了一流的专利，研发出了很好的产品，却因资金迟迟不能到位，产品迟迟不能上市，最后弹尽粮绝，破产或者退出市场。其中的原因，就是资本工具和企业形态不适配。

"制造即投资"的机遇

科技企业的资本难题应该如何解决？我认为，需要调动产业界的力量来参与。

前文提到，金融机构不懂制造，它们为了抵御风险，不敢轻易投资科技产品的量产。那谁懂制造呢？当然是制造企业。如果制造企业的专家能够事先判断科技企业的产品有足够好的市场预期和产品化潜质，那他们就敢赌一把，帮助科技企业先在公司体外把工厂建设起来，后期再收回投资。

我给这种投资方式起了一个名字——"制造即投资"，也就是制造企业将制造能力作为一种投资方式入股，科技企业承诺在资本市场上市前，以合理的价格收购工厂和生产线，将其作为资产的一部分共同上市。

这种模式有以下几个优势。

第一，它能帮助科技企业解决制造问题，跨过量产这个"死亡陷阱"。科技企业没有大量资金，但是成长性很高。它和制造企业合作，相当于用未来的成长性换取了当下的量产能力。量产后，就可以通过产品销售早日获得利润，从而大大加速在资本市场上市的步伐。而且，上市时，自己有量产能力的科技企业也会得到资本更高的估值。相当于科技企业坐实了资产，它用的不是代工厂，而是自己的工厂。

第二，从制造企业的角度看，这个合作也很划算。因为以前制造企业作为代工厂，只能一单一单地被动接单，做完这一单，合作就结束了。制造企业好不容易帮助科技企业调试好了产品，也重新规划了生产线和供应链，等真到了大批量生产的时候，对方可能会去找更大的工厂，制造企业等于帮别人作了嫁衣。而"制造即投资"的方式，则用资本的纽带绑定了双方的利益。制造企业帮科技企业建厂，科技企业也要同意将来并购制造企业，上市以后，制造企业就能从微薄的利润中解脱出来，分享科技企业高速增长带来的收益。

第三，这种"制造即投资"的方式还巧妙地利用了一个时间差，促成科技企业和制造企业的合作。科技企业的特点是前期估值低，但成长性极高；而制造企业的特点是资产价值高，但成长性比较低。如果制造企业在量产之前占股，因为资产比较重，科技企业的股权会被大量稀释掉，它们肯定不会同意。"制造即投资"的方案是制造企业先帮助科技企业建厂以实现量产，等科技企业的估值高了以后再转换成股本，这样就不会过度稀释股权，对双方来说是一个互利互惠的局面。

而且，资本不仅仅是钱，它还代表信用。我们可以利用金融工具强化企业间的长期协同关系，实现产业各方的能力、资源、资本的汇集和最优配置，让各方在推动产业发展的基础上享受相应的收益。

在过去，制造和创新不能共享长期利益。就像苹果公司的股票价格大涨，富士康赚的仍然只是加工费。我认为，这样的状况是不合理的。理想的模式应该是，凡是为科技企业出力的，都能共享到科技企业未来发展的红利。

这种"制造即投资"模式，对当下的中国来说尤为重要。前文提到，目前只有中国的制造企业能够解决创新量产的难题。如果我们将制造能力当作一种资源输出，就可以和全世界的科技创新企业形成更加紧密的联系，也会分配到应有的利益。

科技投资的全流程

今天，全球创新已经形成了一个生态。创新的链条变复杂了，投资也应该调整，这样才能适应时代的需求。

我更提倡一种新型的投资模式——产融资本，就是把产业操作和资本运作结合到一起，为科技企业提供一个完整的解决方案。历史上的每一次科技革命中，投资人都不是简单的提供资金的角色，他们还担任着引入资源的职责。在这个方案中，科技投资人也不仅仅要识别有价值的科技企业，为它们解决资金的问题，还要作为创业者的支持者，在产业上做推动，从头到尾把各种资源穿起来，帮助科技企业成功。

具体而言，这种模式可以分为三个阶段。

‖ 前期阶段：对接产业

前期阶段是科技企业创业初期。此时科技企业面临的最大挑战是能否组建一个以创业者为主导的公司，启动正常的商业化运作。

我们知道，科技来自高校，但高校缺乏和产业界的联系，这让很多技术从高校转让出去以后，不能迈入正常的商业化轨道。

比如，美国国家科学基金会为了推动科研成果转化，为高校科研人员提供不超过 200 万美元的资金用于创业，而且是无偿提供，不占股份。这种资金支持最长可以提供 3 年，也就是说，一个好的创业项目，可以连续 3 年拿到这样的无偿资助。这看似促进了科技企业的孵化，实际上却帮了倒忙。

为什么呢？因为美国国家科学基金会在挑选项目时，只看相应的科技有没有产业化前景，不看创始人团队健不健全。结果是，很多教授拿到资金后，倾向于先成立公司，有的是自己兼任CEO，有的是让学生担任CEO，把技术转让到自己的公司，然后骑驴找马，等哪天找到了合适的CEO，再让他接任。

但教授和学生在产业界没有人脉，自己创业成功的概率非常低，即使花钱也经常找不到合适的CEO。即使找到了，由于教授已经成立了公司，能够给CEO的股权相对而言就比较小，达不到控股的水平，创业者反倒不好介入。更糟糕的是，因为这项专利已经转让给教授成立的公司，高校专利网站上就会显示这项技术已经转让，不能被企业家通过公开渠道查询到，进一步降低了其他创业者主动找上门来的可能性。最后，公司不得不在资金消耗完以后"死"掉，什么都没留下，非常可惜。

这个问题应该如何解决呢？我认为，科技投资人可以充当学术界和产业界的桥梁，让产业界了解高校的科研动态，让高校把好的技术转让给有经验的创业者。如果能做到这一步，就可以在源头上大大提高创新成功的概率。

除了找到正确的人，投资人还可以帮助科技企业拿到正确的资金。

在创投圈有这样一个说法：创业者的启动资金主要来自三类

人——家人（Family）、好友（Friend）、傻瓜（Fool），简称"3F"。当然，这只是一个笑话，我们应该理智地支持创业，不能当盲目的傻瓜。那么，谁能更理智地支持创业呢？我认为是大企业。

每个领域都有占据市场优势的大企业。它们为了应对科技井喷，为了未来的市场份额，就要从产业角度出发提前布局。看到心仪的科技企业，就要在它的创立初期进入，占一点股份。等到科技企业长大后，再和它协同研发，或者谋求收购。所以，科技投资人也可以充当大企业和科技企业的桥梁，用大企业的资金，去做科技企业的天使投资。

在传统的投资模式里，天使投资基本上都是个人行为，大多是用小份额的闲置资金来支持身边的熟人或者朋友创业，对回报的预期没有那么强。而专业机构做天使投资是不成立的，因为资本回报周期过长。但实际上，大企业有很强的整合创新能力，很多新兴科技企业的技术最后会被整合到大企业的产品系列中去，理论上，大企业可以成为天使投资的战略盟友。所以，我认为硬科技领域的天使投资不应该是个人的随机投资行为，而应该是以机构的方式对未来科技做一个完整布局。这个布局不以利润为导向，而以是否全面覆盖科技前沿的要点为衡量标准。天使投资基金的出资人不应该是个人，而应该是需要在产业前沿加强布局、希望将来能实现收购的大企业。

‖ 中期阶段：对接制造

中期阶段出现在科技产品研发完成后。在这个阶段，科技企业面临的最大挑战是能否筹措足够的资金和资源，以实现量产。

这个问题的解决方案我在前文提到过，就是"制造即投资"模式。在这个方案中，也需要科技投资人做连接者，帮助先进科技对接中国制造。具体操作中，投资会分为两部分：需要生产能力的科技企业和将要建厂的制造企业。制造企业建的厂，将来要合并到科技企业里，科技企业也要同意在将来并购它，共同上市。

那么，投资的钱从哪儿来呢？我认为来自中国成功的企业家。他们懂制造，有丰富的产业经验，愿意投资国内懂制造的年轻制造家，支持他们创业。只要经过评估，认为工厂一旦建成就可以实现盈利，他们就有信心投入大笔资金，支持科技产品的量产。

根据产品的复杂程度，科技企业可以被粗略地划分为两类。这两类企业对制造的需求虽然不同，但都可以从"制造即投资"模式中获益。

第一类企业的产品相对标准化，只要有足够的资金，就能在代工厂完成制造。比如，我投资的中风治疗公司 Cerevast，它的产品都是基本的电子元器件，组装也不复杂，工厂拿到产品设计原型以后，进行相应的调试，就能量产（见图 3-3）。但这也有重新组织生产线和供应链的成本，产量大就相对划算，产量小，代工厂很可能不接单。而科技产品往往都有一个调试期，起订量可能只有 1 000 个。经过研发、试制、调整以后，才会慢慢扩大市场规模。如果能够找制造企业建设专门的生产线，就更容易度过这个调试期。因为其愿意付出额外的精力，优化制造工艺，提高制造效率。

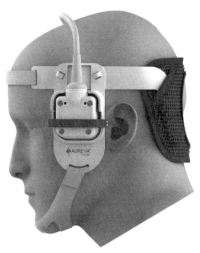

图 3-3　Cerevast 用于解决脑中风的产品 AUREVA

第二类企业的产品相对复杂，必须自建工厂才能制造。比如，新能源汽车、表情互动机器人等。这些产品不仅制造起来十分复杂，而且更新换代很快，需要专门的供应链和流水线。但自建工厂是一件投入巨大又非常复杂的事情，需要产业界的人脉和工厂建设知识。特斯拉就是先收购传统车厂，又从传统车厂大举挖人，才逐渐具备了造车能力。但大多数科技企业都不具备这个实力。而对于制造企业来说，兴建新的生产线、车间乃至新的工厂却是轻车熟路。如果它们能够为科技企业专门建厂，就可以大大加速科技企业量产的步伐，通过产品销售，早日获得利润。

所以，我们提倡让产业界有机会投资先进科技，产业界也会有足够的热情和动力帮助科技企业解决量产问题。

‖ 后期阶段：对接资本市场

到了后期阶段，科技企业已经完成了量产。这时，它们面临的最大挑战是如何尽快上市，更好地利用资本市场实现快速发展。

我们知道，量产只是一个阶段性胜利，科技企业至少要做到上市才算成功。上市以后，融资渠道更多样，也更灵活，企业的存活率会更高。因为所有企业"死亡"的原因就是一个——现金流断了。哪怕是盈利的非上市企业，现金流断了企业也会"死掉"；而上市公司只要经营状况良好，通常可以规避各种风险。

所以，真正好的资本运作是从科技企业前期介入一直送到它上市。而企业要符合上市指标，就要扩大市场，实现收益。收益高，上市估值才高。但问题在于，把收益做出来的大笔市场资金从哪儿来？

这个时候就不能求助风险投资了。风险投资给钱十分苛刻，成本很高，创业者想要拿到钱非常困难，原因很简单——风险投资是长期投资，不知道什么时候能收回来。越是有时间表的，越是短期的投资，越能拿到钱。

所以，到了这个阶段，投资人应该明确要求公司的 CEO 制定一个清晰的规划，明确规定在多长时间内做到多大的规模。比如，规定在量产后的第 3 年，企业收益要达到 5 亿元。投资人应该和公司的 CEO 形成一个对赌协议，收益目标达成，企业挂牌上市，CEO 才能得到期权。只要形成对赌，投资人就有部分把握确保最终的结果可以达成。这样再去融资，就从风险投资变成上市前融资，风险相对降低很多，很多投资基金就更容易进来。

所以，投资人不仅要投钱，还要做中介，引入更大、更多的投资人，最后才能帮助科技企业实现真正的成功。

现在的情况是，这三个阶段分别由不同的投资机构完成，甚至在每一个阶段里，都需要企业家跟投资人反复谈判，一轮一轮地融资。这种一次次讲故事的融资模式，是科技企业 2.0 时代的产物，只适用于互联网企业。

对科技企业 3.0 时代来说，只要企业能从高校拿到足够好的科技，由足够有经验的企业家来做产品化，市场空间又很清晰，那么，投资人事先就可以评估出企业的价值，然后给企业设置好必要的里程碑，每完成一个目标，就有相应的资金到位。

在我的心目中，未来科技企业理想的投资模式，应该是一家机构从头做到尾：跟创业者达成一个协议，帮他引入大企业的投资，支持他完成产品研发；研发完成后，帮他对接工厂，实现量产；量产后，再给他提供市场经费，让他在一定时间内获得利润，公司就可以在资本市场上市。这中间的每一个阶段，都可以由投资人做中介来协调，不需要创业者一轮轮地去跟投资机构讲故事。

支持机构：创新的服务者

当创业企业多了以后，服务这些企业本身也会成为一门生意。最近二三十年，各式各样的创业支持机构兴起，它们虽然不是创新链条中的核心环节，却从不同方面提高了整个创新生态运转的效率，降低了创业的门槛。这对于整个生态而言，有非常高的价值。

事实上，我们可以根据创业企业所处的发展阶段，将支持机构的服务分为三类：孵化启动、研发加速和产业服务。它们会在不同的阶段提供不同的外部支持，从而提高创业公司的生存概率。

孵化启动

‖ 孵化器

孵化器为创始团队提供场地、资金等必要的软硬件支持，把半成型的创业项目孵化出来，启动公司化运作。

孵化器的来历和养鸡场有关。1959 年，在纽约州的贝特维亚镇，曼库索家族（Mancuso）买下了一片约 8 万平方米的废弃工厂，然后将它们分割成小单元，出租给不同的小企业，并向承租企业提供融资、咨询等服务。这个被称作"贝特维亚工业中心"的地方，被认为是世界上第一个孵化器。曼库索家族的长子乔（Joe）带人参观中心里一家养鸡企业时介绍说："这里孵化的不是小鸡，而是商业。""孵化器"的经营模式因此得名。此后，这种模式逐渐从美国扩展到全球各地，走过了 60 年的历史。

今天，很多孵化器都会给创业者提供免费的办公场地。它的角色更像学校，而不是房东。进入孵化器，创业者可以获得创业导师、投资人和各领域专家的指导，降低创业的风险。

最著名的孵化器莫过于 Y Combinator，它每年举办两次为期 3 个月的创业培训课程。课程奉行严格的筛选制，申请的被接受比例大约是 2.5% ~ 3.5%，而斯坦福大学商学院的录取率是 5%。可以说，进入 Y Combinator 比进入斯坦福大学商学院还要难。

培训课程结束后，Y Combinator 会进行项目路演，并按照"5 000 美元 +5 000 美元 ×N"模式进行投资。其中，N 指的是愿意参与此项目投资的 Y Combinator 合伙人的人数。比如，如果有 2 个合伙人愿意投资，那么最终的投资额度是 15 000 美元；如果有 3 个人，就是 20 000 美元。同时，Y Combinator 将占有创业团队 2%～10% 的股份，通常情况下是 6%。主流的天使投资金额则是 50 万～100 万美元，占股比例为 10%～20%。对比之下，Y Combinator 的投资金额和股权占比是相对偏低的，只能算是一种非常早期的投资。

Y Combinator 比较成功的原因之一是广撒网。它用很便宜的价格投资一批公司，只要有几个比较成功，就能拿到较高的回报。另一个原因是严格的筛选机制，选取的创业者素质普遍较高，整体成功率就比较高。

Y Combinator 比较适合科技企业 2.0 时代的互联网创业，但它至今也没孵化出像苹果、特斯拉这样获得巨大成功的科技公司。我经常把 Y Combinator 比作阳澄湖，那些创业企业相当于大闸蟹，去阳澄湖"涮"一下，身价就更高了。没有经验的创业者或许需要这样一层镀金。但是，到了科技企业 3.0 的硬科技创新时代，好的科技项目早就被有产业背景的人拿走了。这样的创业者也能找到投资人，不太需要到这样的孵化器里去镀金。

很多人把孵化器看作科技创新中心的标志。但我认为，在硬科技创业井喷的今天，孵化器的作用恰恰是非常有限的。我更看好的是另一种模式，也就是前文介绍的校友会和创业工坊的模式。它们一方面对接高校技术，另一方面聚拢了一批连续创业者，在学术界和产业界之间搭起了一座桥梁，让企业家能够识别出最先进的技术，让高校能够挑选到最适合的企业家来做技术转化。这才是促进科技企业成立最有效的机制。

▏联合办公

第二种服务于初创企业的模式是联合办公。它和孵化器的区别在于不占企业的股份，直接收取工位租金和增值服务费，在有效降低创业公司办公成本的情况下，为入驻的初创团队提供舒适的办公环境和高品质的企业服务。

兴起于美国的 WeWork 跟传统办公室出租模式相比，承租方式更加灵活，租期从 1 个月到 15 年不等，出租空间从一个工位到一栋办公楼。会员可以按需使用各种共享设施，比如厨房、休息室、会议室和培训区，不仅能降低入驻会员的成本，还能提高业主方的空间使用率。

联合办公的兴起与互联网和远程协作软件的发展息息相关。一方面，大公司为了降低人工成本，会把非功能部门移出去，单独成立小公司；另一方面，很多专业人士已经开始自我雇用，同时为多家雇主服务，收入反倒比在大公司里做颗螺丝钉要高得多。这样一来的结果就是美国的创业浪潮高涨，小公司层出不穷。

新的创业公司不像以前，起步于某个城市郊区的车库，出门吃饭都只能开车。现在的创业者更青睐大都市，比如纽约布鲁克林造船厂（Brooklyn Navy Yard）、旧金山的市场街（Market Street）这样的都市核心区，这些地方生活便利，下楼就能解决生活所需。都市里的人才更密集，聚会交流更方便。拥有不同才能的人聚到一起，很可能因为触发了某个创业机会，就决定一起组建新公司。比起租一个办公室，不如租一片办公空间。这种新的办公空间更有创业社群的文化和氛围。办公室不是关键，关键是加入某个社群，经常与志同道合的人交流。很多合作因此启动，很多机会也因此产生。

所以，联合办公跟传统的办公室办公相比，优势在于可以给创业者提供一个很好的社区氛围。比起小公司的独门独户或者独自在家办公的SOHO一族，在一个大的社区里工作，起码不孤单，有种大家一起努力工作的氛围。2016年北美调查报告显示，在选择联合办公空间的十大因素中，人脉网络排在第一位。可见联合办公共享的不仅仅是办公空间，更是人际关系。

最近这些年，中国的创新创业活动也很密集，提供联合办公服务的空间也很多。《2018年中国联合办公活力指数报告》显示，预计到 2022 年，中国联合办公市场工位规模将达到 1 315 万个，面积规模预计达到 1.17 亿平方米，我们正在成长为世界上最大的联合办公市场。如此大规模的联合办公空间，已经不仅仅是办公的地方了，众多创业公司的集聚，会形成非常好的创新生态。

除此之外，人力资源、财务、营销这些业务也可以通过外包完成。企业可以将资源、精力集中在自己最擅长的业务上，剩下的通过外部协作，与创新生态中的支持性机构合作来完成。这些机构在整个创新生态中贡献了它们最独特的价值。

‖ 创业营

第三种是一类有中国特色的支持机构——各种创业营、商学院。它们是创业者的聚集地，人们因为学习和交流而结成共同体。

为什么这类机构唯独中国做得好呢？一个原因是中国社会有一种熟人文化，人们需要在一个更加强调商业规则和人际信任的环境中协作。创业营把创新生态各方的参与者聚在一起，科学家、企业家、投资人、市场专家……大家高密度地交流，更容易找到志同道合者。另一个原因是传统的商学院教育模式已经相对落后。教授们大多是科研出身，学术功底很好，但是对正在发生的商业实践比较陌生，在课堂上就不容易引起学生们的兴趣。而大大小小的创业营提供了近距离学习和交流最新商业趋势的场合，大家在其中能学到更为鲜活的知识和经验。

比如，我们举办的前哨科技特训营，每年都会挑选一些有望成为未来风口的行业或领域，如超级计算、人工智能、机器人、大数据、精准医疗等，邀请行业最前沿的科学家和企业家，为中国企业家提供应对未来科技化的新武器。它不是简单的培训课程，而是为学员提供一个线下平台：你有什么长板，我有什么长板，大家经过交流就可以对接到一起。从我们连续几年举办科技特训营的经验来看，这件事情的商业价值巨大。

研发加速

‖ 加速器

经过孵化阶段后，企业的核心任务就不是存活下去，而是实现增长。

加速器，顾名思义，就是加速企业发展的服务体系。加速器和孵化器的不同之处在于，前者持续的时间短，有一个明确的方向和目的。比如，帮助团队在一定时间内完成第一个产品，或者融到第一笔钱。进入加速器的初创公司必须在给定的期限内"毕业"，这个期限通常是 3 个月。在此期间，它们会接受密集的指导和培训，实现迭代。

在中国，北京的中关村科技园区、上海的张江高科技园区、深圳的高新技术产业园等地方政府组建的科技园区都有相应的企业加速器。不过，这些加速器的功能更偏向给入驻企业提供办公空间和相应的招商引资的优惠政策。最近几年，百度、阿里巴巴、腾讯等互联网产业巨头也开始做加速器。这些企业有投资资金，也有产业资源，它们希望能通过加速器完善自身的战略布局，发现有投资价值的好项目，这些加速器在功能上跟国外的企业加速器更接近一些。

为什么加速器能够加速企业成长呢？

第一，加速器能为企业成长提供发展所需的战略顾问。过去，企业为了得到专业人士的指导，要请他们加入董事会。现在，加入加速器，企业就能直接得到这些人的指导，由此解决产品、服务、市场、管理等方面的问题。

第二，加速器还能帮创业者对接大企业和重要的产业资源。前文提到了迪士尼的梦想加速器，入驻企业就可以得到迪士尼的 IP 授权和市场渠道，和迪士尼一起研发产品。此外，耐克、微软、卡普兰（Kaplan）等跨国公司也纷纷成立了自己的加速器，分别为耐克 + 加速器、微软加速器和卡普兰教育科技加速器。

大公司和初创企业协同研发，是保持自身创新力的关键战略。

第三，大多数加速器直接对接风险投资机构，帮助创业者获得投资。我们曾经带中国的企业家和投资人去美国考察创新生态和高科技创业项目，在几乎每一个关于孵化器或者加速器的介绍中，都会有明确的企业融资的数额。比如，2018 年 5 月，我们去位于亚特兰大的佐治亚理工大学先进技术开发中心（ATDC）考察。这个加速器在 2017 年促成了 1.3 亿美元的融资。毫无疑问，帮助企业顺利融资，也是很多加速器的关键能力之一。

‖ 融资平台

目前全球最大的创业加速器——麻省挑战赛（MassChallenge），本质上也是一个融资平台。它是一家非营利机构，对所有行业、所有地区的所有初创企业开放，最大的特点是不要求获得初创公司的股权作为回报，是一家全球性的零股权（不占股）创业加速器。

麻省挑战赛为创业者提供服务的时间一般是 4 个月。在为期4 个月的项目中，它会根据初创公司的业务方向，为其提供量身定制的专家指导，帮它们对接各种行业资源，让它们广泛接触产业链中的利益相关者，推广创新想法，加速这些创新企业的成长。4 个月的加速时间结束后，麻省挑战赛会组织一场大型路演，以创业大赛的形式邀请各种投资机构观摩创业项目，促使这些项目早日拿到下一轮融资。根据这个加速器官方网站公布的数据，截至 2019 年年初，麻省挑战赛已经加速了 1 900 多家创业公司，为它们成功融到了超过 43 亿美元的资金。

还有一类融资平台，不是向投资机构融资，而是向公众融资。比如，海银资本投资的天使名单（AngelList）。

天使名单首创的股权众筹模式，通过开放的互联网平台将大量初创企业和投资人连接起来，使资金持有量相对较少的投资人也能参与初创公司的股权投资。好的创业团队往往都去找大型风投机构融资，而现在天使名单通过互联网实现了股权投资的去中心化，这恰好符合其中文译名的寓意。

具体来说，天使名单首创的联合投资模式叫"辛迪加"（Syndicates），可以让单个投资人像风险投资人找有限合伙人募集基金一样，找到其他个人投资者筹钱，资金不多的投资人进而也有机会扮演风险投资人的角色。

比如，即便一个天使投资人看项目的眼光很好，如果他只有 2 万美元，想投资一家初创企业是很困难的。但是，有了天使名单，他就可以找到其他 10 个投资人朋友。只要这 10 个人认同他的眼光，愿意每人出资 2 万美元跟着投资，总共就有 22 万美元进入资金池。毫无疑问，这位天使投资人的投资能力就能成倍地放大。

这个模式一出来就取得了很大的成功。目前投资界采用的"领投＋跟投"的投资模式，其实也是基于相同的原理。

天使名单已经通过股权众筹的方式帮助很多知名公司完成早期融资，其中就包括大名鼎鼎的优步。与此同时，这种方式也让早期投资的投资人获得了不错的收益。

目前，天使名单已经聚拢了 25 000 多名合格的投资人，寻求融资的创业企业数量也达到 55 万家。它成为投资界具有非常大影响力的股权众筹平台。

不过，参与股权众筹的企业从事的一般是商业模式创新。一种新的模式出来，大家都看不懂，只有少数人愿意上去赌一把，但大部分新模式会"死掉"。硬科技企业就很少采取这种方式融资。

‖ 产品试水

对硬科技企业而言，众筹是测试产品的渠道，而不是融资渠道。这是它真正的功能所在。一个足够好的硬科技创业项目早就拿到投资人的钱了，不需要通过众筹这种相对低效的方式融资。很多众筹平台一度非常热闹，后来销声匿迹，就是这个原因。

全球最著名的产品众筹平台有两个——Kickstarter 和 Indiegogo，双方互为强有力的竞争对手。这两个平台的运作方式比较简单而有效：平台的用户分为两方，一方是渴望进行创作和创造的人，另一方则是愿意为他们出资金的人，任何人都可以向某个项目捐赠指定数目的资金。Indiegogo 称自己是"各式各样创意和创业想法的启动板"，这个定位很形象。

在众筹平台上，企业可以在量产之前拍一段介绍性的视频，把产品功能全部展示出来，向公众做说明。在产品没有面世的情况下，公众就可以预订。如果这件产品真的被做出来了，他们就是第一批收到的人。

这个机制对创新的帮助非常大，它给了企业一个机会，可以让公众提前评判一个创新产品有没有市场。因为产品能不能得到用户欢迎，看的是它的应用表现，而不完全是技术领先水平。企业如果能提前测试市场的反应，等到大批量生产的时候就可以绕开很多"坑"。

产业服务

‖ 产业分析

现在各个领域的科技前沿，都出现了非常多的创新小企业。这些企业还未上市时，我们无法看到它们的财报，仅仅通过泛泛的新闻报道，也无法看出这些企业的实力。因此，出现了一些专门做产业报告和趋势预测的第三方机构。

比如 CB Insights，它在集成行业数据和数据分析上做得相当出色，每天都会发布各个领域的投资分析报告、经济发展趋势以及各领域独角兽公司的名单。这些数据，有 3/4 来自它用算法从各个来源抓取的数据，来源包括监管部门文件、投资机构网站、各家公司网站、新闻报道、社交媒体（如推特）；剩下 1/4 的数据则由投资者直接提供。

CB Insights 是很多投资者进行投资决策时可参考的数据智库，同时，它也为创业企业提供了一个被投资人看到的窗口。

比如，在人工智能领域，CB Insights 会提供一张完整的图表，标出领域中的上千家企业：主要竞争者、主要参与者有哪些，每个公司在做什么以及在产业里的位置……信息比大企业、风险投资机构整理得还要全。如今，人工智能领域的独角兽企业已经有好几百家，很多创业者身在其中也不能保证都看清，这需要机构对其做一个系统综述。因此，CB Insights 也是创业者了解行业竞争、跟踪产业前沿的重要途径。

‖ **产业报道**

媒体的产业报道同样有价值。媒体会对前沿科技进行跟踪报道，同时，创业企业也需要平台展示自己的行业地位、业务发展和产业合作，包括给产品做宣传。所以，媒体对创业生态的影响非常重要。

我们都知道《连线》（*Wired*）杂志，它创办于 1993 年，是一份对科技和互联网产业产生了很大影响的杂志。它伴随了几代科技公司的成长，从苹果、雅虎到谷歌、脸书。当它们还是小企业的时候，无人问津，只有《连线》关注它们。这本杂志记录了这些企业成长的关键节点。

创始人路易斯·罗塞托（Louis Rossetto）将《连线》的战略确定为：不断发现和创造新英雄，也就是那些创造新技术、建立企业、改变世界的人。杂志的历任主编，比如凯文·凯利（Kevin Kelly）、克里斯·安德森（Chris Anderson），都是科技行业很有影响力的作家。

通过《连线》杂志，你可以关注到新的产业趋势。比如，无人机技术是怎么从无到有地成为一个产业的；这个领域又出现了哪些新的应用、哪些新的公司，产业有怎样的变化。这些信息对创业者和投资人来说都非常有价值。

还有一本杂志是《麻省理工科技评论》（*MIT Technology Review*）。它由美国麻省理工学院于 1899 年创刊，是世界上历史最悠久、影响力最大的技术类杂志。它的内容覆盖广泛，涉及互联网、通信、计算机技术、能源、新材料、生物医学和商务科技几大领域，为科技领域的人士提供前瞻性的资讯和独到深入的行业趋势分析。

《麻省理工科技评论》从 1999 年开始，每年会发布"35 岁以下创新科技 35 人"榜单，从全世界评选出 35 位可能用技术改变社会的技术精英或企业家。这是一个非常有影响力的榜单。如果科学家和创业者入选了这个榜单，对于树立企业形象而言是非常有利的。

中国的科技产业媒体曾经也有几块金字招牌，比如《21 世纪经济报道》《中国经营报》。可惜传统媒体衰落得太快，即便出现了一些新生力量，如 36 氪、甲子光年、嘉宾派等，整体发展水平也不如美国。

‖ 产业交流

产业交流平台，即企业发布产品信息和展示高科技水平的会议。

最著名的是 CES。这个展会成立至今已经办了 50 多届。很多电子产品，比如录像机、CD 播放器、交互式网络电视（IPTV）、平板电脑、有机发光二极管（OLED）、超极本都是在这里首次向公众亮相的。因此，一部 CES 的发展史就是消费类电子产品的进化史。

最近几年，CES 在中国的名气也越来越大，以至于参展的 4 000 多家企业里，1/3 都是中国的企业。但中国人对这个展有不少误解。比如，国内的不少创业者、投资者这两年都把会议开到 CES 去了，但它其实不是一个创业展，也不是一个专门讨论技术趋势的地方。虽然它有初创公司展 Eureka Park，有创业者演讲，但这些都相对次要。CES 很务实，它展现的是未来 3 ~ 5 年，甚至 1 ~ 2 年的市场趋势。

另外一类面向业内人士的展会，可供各方交流讨论。

比如生物国际大会（BIO International Convention），它是生物技术与医药行业规模最大的会议之一，每年有超过 16 000 名生物制药从业者和 1 800 多家参展商参会。他（它）们聚集在一起进行为期一周的论坛交流，发现新机会，建立对接合作关系。

对接企业业务往往是展会主办方众多服务的一部分。企业注册参展之后，可以搜到所有参展商名单，可以去约见想合作的人。投资人可以约见创业企业，企业与企业之间也可以商谈合作。2019 年，我在参加生物国际大会期间就看到，会场中心约谈合作的位置摆了上百张桌子，而且它们从早到晚都是满的。可见，这样的方式效率很高，能够促成很多合作。

实际上，每个行业都有这样的展会，比如世界制药原料欧洲展览会（CPhl Worldwide Europe）、国际太阳能光伏大会

（SNEC PV Power Expo）、美国达拉斯国际复合材料展会（The Composites and Advanced Materials Expo）、世界移动通信大会（Mobile World Congress）等。这些展会共同构成了一个新兴的服务业态，不仅能带来办会的直接收入，还可以推动行业的发展。

创新区：创新的环境

如果你在网上搜索"创新区"，就会发现类似的表述已经被引入世界各大城市区域经济发展的蓝图中。美国的费城、匹兹堡、波士顿，英国的曼彻斯特、谢菲尔德，还有中国的北京、上海、成都……这些城市通过采用"创新区模式"，编织起一种独特的创新生态。那么，一个地区需要具备哪些要素，才可以被称为"创新区"呢？

如何打造一个创新区

简单来说，创新区是一种集聚了研发机构、创业企业、投资机构以及孵化器等创新支持机构的城市空间。在创新区里，公共服务完善，企业创新活跃，人才高度聚集，科技创新密度更高，更容易实现密切的知识共享和技术合作。目前，这种形态正在成为全球创新的主流模式，也是城市推动新一轮发展的关键战略。

提起创新区，很多人会想到硅谷。20世纪70年代，乔布斯选择在硅谷创立苹果公司，比尔·盖茨最开始在硅谷创立微软，得益于硅谷无拘无束的自由氛围。但实际上，硅谷只是美国创新区的代表之一。在创新井喷的今天，创新区已经遍地开花。

2019年3月，我去了西南偏南大会的主办地奥斯汀。这里虽为得克萨斯州首府，却只是一座小城，开车环全城一圈也就1个多小时。但就是这么一个小城市，却有"硅丘"（Silicon Hills）的美名，跟硅谷遥相呼应——奥斯汀现在已经成了美国公认的新兴科技城市。

以下这几个事实，就可以体现奥斯汀在科技领域的地位。

第一，从20世纪70年代起，奥斯汀就开始发展以计算机技术为主的高科技产业了。戴尔公司发源于此，它的创始人迈克尔·戴尔（Michael Dell）曾经是得克萨斯大学奥斯汀分校的学生。

第二，现在很多知名科技公司，比如IBM、谷歌、英特尔、脸书在奥斯汀都设有分部。2018年，苹果公司耗资10亿美元在奥斯汀建立了新园区。

第三，奥斯汀迅速崛起的高科技环境吸引了许多科技公司和科技人才的流入。据统计，2007—2016 年，有 30 万人从加州搬到得克萨斯州。其中大多数人选择了奥斯汀这座城市，这里面有大量的科技人才。

2018 年 11 月，我去奥斯汀考察的时候，遇到了得克萨斯大学中国公共政策中心创办人方大为（David Firestein）先生。他是这场"人口大迁移"最直接的见证人，因为他所住的社区里有 70 户人家，除了他之外，其他 69 户都是从加州搬过来的。

最关键的是，硅谷的创新区是天然形成的，其他地方很难复制。而奥斯汀成为新的创新中心，完全是人为推动的。奥斯汀一开始并没有创新的基因，能有今天的成绩，很大程度上归功于一位被称为"奥斯汀科技教父"的高校教授——乔治·科兹梅茨基（George Kozmetsky）。

科兹梅茨基教授从"产学研合作"——企业、科研院所和高校之间合作——的角度切入，以高校为基点，成立专门机构，积极推动高校科研成果商业化。他制订了招商方案，吸引大企业落户奥斯汀；培育和孵化了小企业；协调了和地方政府的关系，才形成今天有"硅丘"之称的奥斯汀。这个案例对于我们中国打造创新区具有很高的借鉴价值。

科兹梅茨基是哈佛商学院博士，他于 1966 年开始担任得克萨斯大学奥斯汀分校工商管理学院的院长。1977 年，科兹梅茨基自己出资成立了 IC^2 研究所。我在 2019 年去奥斯汀考察的时候参观了这个研究所。"IC²"是"创新"(Innovation)、"创意"(Creativity)和"资本"(Capital)的首字母组合。科兹梅茨基希望通过这个研究所来探寻人力、科技、资本互动的机制,从而支持区域的创新和经济发展。

科兹梅茨基发现,高校丰富的研究成果是科技创新的来源。但当时距离《拜杜法案》颁布还有十几年之久,大学的科研成果被束之高阁,难以转让给企业,自然无法实现商业化。所以,打造创新区的核心是构建一个良好的"大学—企业"协作网络。

应该怎么构建这个网络呢?科兹梅茨基认为,如果一个地区不提供新产业的发展机会,就无法吸引大量优秀的人才。所以需要不断有大企业入驻,才能为当地带来新的人才和产业机会。

刚好在1982年,为了抵御日本对计算机半导体行业造成的冲击,美国联邦政府打算以产业创新联盟的方式成立微电子与计算机技术公司(MCC),为此在全美27个州的58个城市竞标。

其他城市应标一般只有政府出面——批地,给政策,给企业许诺各种优惠条件,就像我们中国很多地方政府所做的那样。科兹梅茨基教授在那时就已经认识到,光是政府给地并不能形成一个区域的竞争优势。对研发型企业来说,需求更强的其实是高校资源。于是,他主动拉拢政府和高校,使双方联合起来,共同打造"大学—企业"协作网络。

科兹梅茨基教授提议,在得克萨斯大学奥斯汀分校里给这些新入驻的企业建一座楼，企业可以在校园开展研发。他还让大学为企业里顶尖的研发人才提供教职，大学因而获取了顶尖研发人员的教学资源。基础研究和产业研发打通后，高校可以贴近企业需求进行研究，企业研发也能得到基础研究的支持。这是科兹梅茨基教授的创举——他研究透了研发企业的需求，在此基础上提出了这套方案。

奥斯汀的这份竞标方案一经提出，就显示出比其他地方大得多的诱惑力。最终，MCC落到了奥斯汀。一批高科技企业，比如IBM、思科、英特尔、AMD、摩托罗拉、三星等，纷纷在这里建立了研发中心。直到今天，奥斯汀仍然被认为是芯片研发十分强大的地方，大量企业研究院都设在奥斯汀。

有了产业研发的氛围，慢慢地，开始有人出来创业了。前文提到，大企业是小企业的"黄埔军校"，可以培养出一批有企业经营和管理经验、有创业激情、有市场信用的人才。这些人才从大企业出来以后，继续和高校合作，开创了很多创业项目。

但是，很多创新企业虽然技术很强，创业知识却很薄弱，对于如何做技术转让、如何融资、如何发展，所知并不多。于是，1988年，IC^{2}研究所与得克萨斯大学奥斯汀分校的商学院又成立了一个技术创业中心，为100多家创业公司提供咨询服务，帮助它们建立组织架构，帮助它们融资。1989年，在技术创业中心的基础上，又建立了奥斯汀科技孵化器，为初创企业提供战略咨询、指导、融资、市场营销、公共关系援助、员工福利计划以及长达 3 年的办公和制造空间。

当创业企业兴起后，新的问题又浮现出来了。因为奥斯汀的风险投资机构比硅谷少得多，光靠市场运作，企业融不到那么多资金。于是，在 1989 年，科兹梅茨基又建立了一个天使投资人的联盟——得克萨斯州资本网络（Texas Capital Network）。

硅谷不太需要这种组织，因为硅谷满是投资人，创业者有机会拿到更多的钱。而在奥斯汀这样的城市，就需要特别搭建一个平台，让创业者找到投资人，让投资人看见这批创业者。在这里，基于得克萨斯大学奥斯汀分校技术转让成立的企业，融到的资金达到了麻省理工学院、斯坦福大学的同一量级。你可能觉得这没什么，但实际上，奥斯汀本地的风险投资机构只有波士顿和硅谷的 5%～10%，此地投资金额的量级却可以与东西海岸不相上下。这在很大程度上提高了当地风险投资对创新的支持。

得克萨斯州资本网络发展到 1994 年，投资范围已扩大到全国，于是把名称的属地"得克萨斯州"去掉，正式更名为资本网络（Capital Network）。它和奥斯汀科技孵化器一起，在创新生态中扮演着初创企业催化剂的角色。

当创新形成气候以后，企业和政府关系就变得非常重要了。

科兹梅茨基教授认为，企业不仅仅是创新生态的受益者，也是发展创新生态的推动者。于是，在 1993 年，他组织成立了奥斯汀软件委员会，后来改名为奥斯汀技术委员会。这个委员会表面上是为了把创业者聚集起来，一起举行慈善活动，或者组织企业高管参与政府的市政论坛，探讨城市的未来成长方向。而实际上，这个委员会能够把科技创新整合成一种产业势力，像代言人一样和政府对话，影响政府的产业政策。

所以，到奥斯汀建立科技创业企业，不光有政府扶持，有高校协同，还有集体、有代言人，各方面都能获得很好的支持。在这些因素的共同作用下，大量外部科技企业迁入，大量本地创新企业涌现。这才使奥斯汀脱离了传统的农业和能源产业，建立起电子、芯片的产业集群，渐渐获得了"硅丘"称号，成为硅谷的有力竞争者。

回顾奥斯汀的发展历程，我们看到了一个先天优势不足的地区，凭借创新生态的组建，一跃而起，成为今天响当当的科技城市。

在奥斯汀以前，创新是怎么繁荣的，创新生态里的各个要素之间有什么关系，人们都不太清楚。像硅谷、波士顿这样的创新区，都是先有高校，再聚集一批创业者。等到创新数量增多以后，政府再提供支持。这是一个自发形成的过程，就像水自然会往低的地方流一样。

然而，自发形成的创新区面临两大问题：一是它的发展速度比较慢，二是它的创新要素不一定齐备。对此，奥斯汀的应对措施是发现问题就补上，一边研究，一边补充，一步步把整个生态构建起来。光有高校不行，还得有大企业。要吸引大企业，就得想办法让高校的研究和产业紧密结合。这时候又发现创业还缺少各种支持，需要孵化器，需要对接投资。最后，还得把这些企业团结起来，打造一个良性互动的企业与政府的关系。今天大家对创新生态要素的理解就是从奥斯汀来的。

这个案例给了我很大的启发。所以我一直在强调，在创新生态体系中，企业家才是最关键的成功要素。当企业家对创新生态有了宏观认知以后，他们会通过制订有针对性的计划来填补生态系统中的不足，进而构建起一个要素完备的系统。

创新区的四大要素

美国另一个比较著名的创新区是波士顿。通过波士顿的案例，我们可以全方位了解一个创新区需要具备的核心要素，以及它们之间的互动关系。

第一，高校是创业项目的科技源头。

这一轮科技创新是从高校出来的，所以高校密集的地区，在发展创新区的时候自然就会有资源优势。

坐落在波士顿的高校远不止我们熟知的哈佛大学和麻省理工

学院，这里有超过 100 所大学；其中，全美高校排名前 50 的就有 7 所，比如塔夫茨大学、波士顿学院、波士顿大学等。波士顿是名副其实的美国高等教育核心区。

波士顿的经济在很大程度上依赖于它的高校资源。"二战"之后，从哈佛计算实验室、麻省理工学院林肯实验室等大学科研机构分离出了王安实验室（Wang Laboratories）、数字设备公司（Digital Equipment Corporation）、雷神公司（Raytheon Company）等著名的高科技企业。后来，这些企业中又孵化了一系列的科技创新企业，带动了微型计算机产业的兴起。虽然波士顿的科技企业数量在后期被硅谷反超，但当时确实在很大程度上带动了当地经济的发展。到了 20 世纪 80 年代后期，波士顿又依托哈佛大学、麻省理工学院和波士顿大学这三所高校的医学院发展起了生物医药产业。即使到现在，波士顿的生物科技在全球范围内都是遥遥领先的。

相对于其他高校，近年来麻省理工学院创业成功的案例更多，因为麻省理工学院的工程能力更强，和产业更接近。麻省理工学院的计算机科学与人工智能实验室（CSAIL）是目前全球最大的高校实验室，出过特别多厉害的角色，比如万维网的创始人蒂姆·伯纳斯·李（Tim Berners Lee）、以太网的创始人罗伯特·梅特卡夫（Robert Metcalfe）。还有麻省理工学院的媒体实验室，这家机构有多厉害，简单列几个它的科研成果，你就能理解了。比如，亚马逊的 Kindle 阅读器，给孩子设计的可视化编程语言 Scratch，无线射频识别技术（RFID），就连 MP4 的视音频格式都是它发明的。

可见，没有高校的支撑就没有核心技术，科技创新企业就很难成长起来。可以说，高校的存在是一个地区产业发展的内在驱动力。

第二，大企业是创业人才的"黄埔军校"。

波士顿有一个地标建筑——健赞中心（Genzyme Center），即健赞公司的所在地。健赞是最早一批入驻波士顿的生物制药公司。由于科研实力雄厚，健赞迅速发展壮大，成为一家跨国企业。后来，这家公司虽然被法国医药巨头赛诺菲公司（Sanofi）收购，但它的存在有一个非常重大的价值，就是培养出一大批优秀的企业家。

到现在，波士顿地区的 1 000 多家生物科技企业中，很多企业家都曾是健赞的员工。他们见证了公司从高校拿到专利授权，成立公司，最后获取成功的过程。在这种示范效应下，大家纷纷开始创业，创新氛围越来越浓厚。雅培（Abbott）、百健（Biogen）、福泰制药（Vertex）这些在全球领先的生物技术公司都是从这个创新环境里成长起来的。可以说，健赞为波士顿生物科技产业的发展做出了重大贡献。

在大企业的经历为什么这么重要呢？今天的创新都是"长板

合作"：很厉害的教授做出杰出的研究成果，将其转让给出色的创业者或准创业者。如果是刚刚毕业的大学生想创业，看上了一项潜力很大的专利，去高校谈合作，结果基本上是没人理睬。只有在健赞这样级别的企业里工作过，别人才会认为你是一名合格的创业者，愿意放心地把技术交付给你。

第三，高密度的交流催生创业想法。

创新还需要足够的密度。可以说，波士顿有这个世界上最聪明的一群人，他们带着各种各样的创业想法，又有足够的科研成果做支撑。这群人想要创造出改变世界的科技，当然还需要有一个可以自由交流和碰撞想法的地方。在波士顿，这个地方就是肯德尔广场。

肯德尔广场拥有地理位置优势。它距离哈佛大学和麻省理工学院都在步行可以到达的范围内。在2.6平方千米的范围内，聚集了各种各样的人：做出科研成果的教授和博士、想找科技项目的科技企业家、风险投资人……大家都愿意在此地交流。肯德尔广场还有一些很便利的公共办公区，随便找把椅子就能开始工作。此外，这里还有各式各样的组织，有创业比赛、创业辅导。整个社区都处于不断流动的状态。因此，肯德尔广场是创业项目萌芽的好地方，诞生了大批依托高校科技的初创公司。

当然，肯德尔广场还在源源不断地吸引更多的科技公司和科技企业家：亚马逊把公司的整个移动开发团队搬了过来，谷歌在此地新建了办公楼，不少医药企业也在不断往这里挤。如果给全球绘制一张创新热力图，肯德尔广场绝对是最耀眼的点之一。这里办公空间的租金价格跟全美最贵的地方——曼哈顿不相上下。

从经济学角度来看，肯德尔广场已经形成了"集群效应"——一个地区一旦聚集了一批优秀的人，很快就会吸引到更多优秀的人。企业、人才、创意、技术这些资源不断聚集，积累到一定程度之后，就会产生奇妙的化学反应。

在这里，投资人、创业者和科研人员的界限并不那么泾渭分明：教授和产业界有广泛的接触；投资人也有可能是从产业界过来的，他们可能发现一个好项目，就会去企业里做 CEO；企业的 CEO 也很懂科技，和教授有千丝万缕的联系。大多数人是两头跳，有的是创业成功后转做风险投资，有的是风险投资成功以后去创业。创业者和投资人都有学术背景，互相之间能听懂很专业的内容，愿意去讨论学术前沿的新突破，进而寻找下一个创业项目。

第四，产业园区提供创业环境。

创业项目诞生在肯德尔广场，但企业一旦发展到一定规模，就要搬出去，租一个像样的办公室。否则，一直待在肯德尔广场，光房租就承担不起。

这些企业会搬到著名的 128 号公路地区。

128 号公路全长 90 千米，呈半圆形，环绕整个波士顿。这条公路旁边聚集着上千家研究机构和科技企业，其中 70% 的公司都是麻省理工学院的毕业生创办的。最开始，128 号公路只是一条普通的公路，它是如何演变成今天这个非常成熟的科技产业园区的呢？

这个生态环境的形成非常偶然，它开始于一家叫作 Cabot, Cabot & Forbes 的房地产公司。1948 年，这家房地产公司想到一个主意，它在 128 号公路附近以低廉的价格大量买地，开发产业园区，还提出了一个"打包采购模式"——在出租办公室的同时，给企业提供信贷支持。很快就有大公司被吸引过来，在这里兴建工厂、办公空间，包括现在已经成为行业巨头的宝利来（Polaroid）、晶体管龙头企业克利维特（Clevite）、喜万年国际照明集团（Sylvania）等，都是在这里一步步发展起来的。

但如果一个园区都是大而全的公司，就很容易出现问题。因为大公司往往都有一套相对完整的体系，互相之间基本不通气。时间一长，整个环境会逐渐变得封闭。这就演变成一种最不利于创新的环境。

科技创新是一件很复杂的事情，往往需要跨学科的综合知识，而且需要足够开放的环境，谁也没办法单独完成一个复杂的创新过程。大公司里的员工在封闭且竞争少的环境中待的时间长了，就会更看中稳定的收入，要让他们牺牲安逸去创业，几乎不可能。所以，128 号公路（和在此地的公司）繁荣了一段时间后，在 20 世纪 80 年代逐渐走向衰落。

这些大公司的解体反而给 128 号公路带来了新的机会。大公司重整，势必会解雇很多员工，很多人迫于无奈就自行创业，这样反而让整个地区的风气开始重新变得积极向上。再加上哈佛大学、麻省理工学院这些名校的存在，1980 年《拜杜法案》颁布之后，大批中小企业有机会进入科技创新领域。小公司本来就不会像大公司那样总想自己闷头做科研，他们更多选择去高校发掘科研成果，再拿出来自己创业。这也带动了公司与公司之间、公司与高校之间的交流，使整个地区更富生气，更多新兴的科技企业愿意搬来此地。

本来分散的科技企业就这样被聚集起来，形成了一个生态。就像热带雨林里，有参天大树，有小树，也有藤萝，互相之间是一种共生的关系，各自占据不同的生态位。大的生态建立以后，小生态也能建立起来。像沃特敦、沃本等好几座城市都形成了创新聚集区，创业公司密集，各有各的产业特色。

波士顿能繁荣起来，凭借的不是某一个优势，而是多个因素频繁互动的结果：128 号公路上的大公司是科技企业家的"黄埔军校"，激励很多员工产生创业的想法，也帮助他们积累了足够的信用去创业；这些企业家要寻找创业机会，不能待在 128 号公路，他们需要回到哈佛大学、麻省理工学院去发掘前沿科技；之后他们在肯德尔广场谈项目、拿融资；等到公司做大一点以后，他们还是会回到 128 号公路。创新生态一旦形成，就能够吸引更多的人才和资源，成为全球知名的创新沃土。

中国的创新区缺什么

今天，中国很多城市都在建设产业园区和经济技术开发区。但这些园区的建设都偏重于房产出租和简单的吸引企业入驻，特色不够鲜明，差异化不显著，经常陷入地区和地区间的激烈竞争。其实，开发区的核心是建设创新区，建立健全支持创新的完整生态。只有这样，优秀的企业才能够源源不断地产生。

在这方面，我们可以向奥斯汀和波士顿学习。我们可以与它们一一对照，看自己缺乏哪些元素，应该怎么补足和改进，怎么把这些元素穿起来，形成一个有机的生态。

比如，奥斯汀的创新区之所以能成型，不是光有高校和大企业就行，它利用高校吸引大企业入驻，并积极培育高校和企业之间的协同关系。同样，波士顿地区的肯德尔广场和 128 号公路也依靠大企业和小企业之间、学术界和产业界之间的协同。创新生态的核心不是单一元素，而是元素之间的良性互动。

目前，中国创新区最大的问题是各个元素之间相对孤立。

中国也重视高校科技成果转化，但我们的办法是鼓励科研人员创业。学校自己建设的孵化器和产业界没有太多的互动，孵化的也都是大学生创业项目；高校和产业园区的联系不够密切。而奥斯汀的 IC^2 研究所之所以能成功，是因为它把大公司的研发人员引入了高校，培养了一批 40～50 岁有经验的 CEO。

虽然在中国也有高校科技成果转让，但我们的信用机制还不完善。面对复杂的市场环境，高校不知道谁能合作、谁不能合作，担心好的技术收不回来钱，只能追求一次性将专利技术卖个好价钱，在最开始多收些钱，之后赔了赚了都与自己无关。对比之下，美国的技术转让经理人会经常交流自己将技术转让给了哪位"创业老兵"。中国高校技术转让办公室最引以为傲的却是，自己最近又将技术以如何高的价格转让出去了。但是，转让出更高的价格和技术转化本身是相互矛盾的。更好的转让方式是前文提到的，在转让的时候少收钱，这样高校才会有动力持续为企业提供支持和服务，从而等产品转化完成在市场获得成功后，分到更多的钱。

中国的现状是学术界的东西进不了产业界，产业界的信用状况也无法为学术界所知。我们扶持创业创新，建设产业园区，关键就是将这些要素穿起来，打造一个活的创新生态。

⫘⫘ 政府：创新的调控者 ⫘⫘

前文提到，创新是一个端到端的链条，从科研，到研发，到量产，再到市场。而在这个链条中，政府扮演的实际上是调控者的角色。

所谓"调控"，就是自己不下场参与，而是像《助推：如何做出有关健康、财富与幸福的最佳决策》（*Nudge: Improving Decisions About Health, Wealth, and Happiness*）这本书介绍的理念一样，不用强制手段，不用硬性规定，而是用政策手段建立一定范围内的标准或底线，以一种潜移默化的方式引导创新生态的各方参与者做出更加明智的选择。

为什么需要政府调控

经济学家亚当·斯密（Adam Smith）在他的著作《国富论》（*The Wealth of Nations*）中把市场称为"看不见的手"，被后来的经济学家沿用至今。也就是说，在最乐观的情况下，追求自利的市场参与者会自发合作，形成互利的社会秩序。

经济学家除了把市场比喻成一只"看不见的手"，还用"看得见的手"形容大企业中兴起的管理制度。此外，我们也可以用"看得见的手"比喻政府。市场与政府在促进科技创新方面，各自扮演着重要的角色。但是，市场机制并不总是达到完美的理想状态，在有些情况下，仅仅依靠市场机制的调节作用并不能实现市场的平衡和协调。

比如，前文提到的没能成功"跨越鸿沟"的 Lytro 公司，在完成研发后开始投产，将产品推向市场的时候因为不能实现销量的持续增长，只能止步在量产的前夜。除了科技企业不能完全寄希望于市场的自发性，在宏观方面，20 世纪 30 年代的大萧条、历史上几次大的股灾都印证了纯粹依靠市场自我调节是行不通的。

所以，市场这只"看不见的手"失效的时候，就需要政府这只"看得见的手"来调控。有的经济学家把政府的作用称为"支援的手"，即政府会对市场经济起到促进的作用。

为什么在这个创新生态中，市场机制有时候会失效？我认为有以下几点原因。

第一点是创新机制的改变。

过去，创新相对来说比较简单，科学理论的支撑相对今天来说不太复杂，涉及的协作方数量也没有今天这么庞大。第一次、第二次工业革命完全是自发的产物。政府做的主要是创造一个好的社会环境。

今天，创新已经变成一种生态行为。生态的协作方之间存在合作需求，同时存在大量信息不对称的问题。这体现在很多方面，比如，没有一个第三方平台可以让更多企业家在第一时间知道高校的新专利；科技企业家有好的产品，但找不到制造的渠道；经济学家常说的"道德风险"，即参与者缺乏信用，事先的承诺到了事后不兑现。这些时候都需要政府来解决。

以科技企业的启动为例，它需要高校、科技企业家、资本和大企业四方的沟通与协作。高校要寻找好的科技企业家，科技企业家要寻找好的技术，资本要寻找进入的机会，大企业要做战略投资。这个过程需要一个信息与协作平台提高匹配的效率。然而，这样的平台缺乏盈利机制，需要由政府来搭建。

等到科技企业完成研发，进入量产阶段时，制造企业对科技企业实现量产明明至关重要，却不受科技企业重视，长期合作的利益无法受到保障，彼此间很容易沦为短期性的合作关系。这就需要政府出台政策，引导和鼓励制造企业对接科技企业，支持科技产品的量产。

第二点是和新生科技企业的脆弱性有关。

今天，科技企业的发展速度虽然比以前的百年老店快得多，但成长起来依然需要大约 30 年的时间——10 年进行产品化，再经历 20 年就有可能做成"世界 500 强"企业。这些企业即便未来能爆发出巨大的影响力，在刚刚成立的时候往往是弱小的。尤其是产品量产上市之前的 10 年，科技企业处于研发阶段，技术尚未成熟，能否转化为产品，在商业应用层面是否可行，都具有不确定性。这个时候，政府的态度对于提高创新的成功率而言非常关键。

第三点是创新生态面临来自传统部门的阻碍。

过去，创新面对的是一片蓝海市场，在成长过程中不会碰到大的传统企业的阻碍，小企业可以毫无障碍地成长起来。而今天的商业臻于成熟，各个产业领域的技术已经非常全面，很难找到一片没有被染指的纯蓝海。大量的科技创新是替代性技术，即用一个更好的技术替代一个老产品，而不是凭空创造一个新兴产品。

因此，当科技创新和既得利益者产生冲突时，科技创新就会遭到行业巨头以就业、投入、竞争公平性等问题为理由的反对。

特斯拉就遭遇了传统汽车经销商的抵制。在美国，传统汽车经销商拥有强大的势力。由于特斯拉采用了直销模式，绕开经销商，美国汽车经销商协会公开表示反对特斯拉的直营战略，它说特斯拉排除中间商的做法违反了法律。2014 年，密歇根州州长里克·斯奈德（Rick Snyder）签署了一项法案，禁止特斯拉在该州直接向消费者卖车。通用汽车随后发布了一项声明赞扬此项举措。通用汽车称，这项法案"将确保我们与其他汽车生产商在相同的市场规则下竞争"。这时候，如果缺少政府的政策倾斜，就相当于让刚出生的孩子和成年人比赛，很难成功。

虽然从经济学角度来看，"看不见的手"似乎是无所不能的。但是在科技创新上，政府的政策是科技创新成功的关键因素。政府的优势体现在三个方面。首先，政府更强调整体性。政府看问题的角度更加全面，能够兼顾创新生态的主体和支持者。其次，政府更具备长期性，可以长期地支持企业发展，建设长远的创新生态。最后，政府更看重公平性。政府能够在公正的立场上协调产业各方利益，形成合力。

在我国的创新生态建设和推动方面，政府起到了至关重要的作用，在多个政策文件中指明了产业集聚、产业链打造的实施方向和行动措施。比如，国家发展和改革委员会在 2018 年研究制定的《国家产业创新中心建设工作指引（试行）》里提到，要打造"政产学研资"紧密合作的创新生态，构建长期稳定的协同创新网络。政府和社会各界已经开始逐渐意识到，新科技大量涌现，产品迭代加快，市场反馈周期缩短，完备的产业链生态能够提高创新效率、加速产业发展。比如在一个科技行业的创新生态空间里，有足够齐全的参与者，包括上游的材料和软件公司、中游的设备公司、下游的应用服务公司，它们还能顺利地与周边的高校、研究机构、制造企业、大企业对接。这样的环境才能够对未来的发展形成创新性的推动。

我们在全国各地能看到很多新兴产业的集聚园区，比如杭州的运河汽车互联网核心产业园，是由政府、企业联手建成的国内唯一一个汽车互联网产业聚集度达到100%的产业园。产业园把周边的传统汽车产业和互联网相关的汽车产业，甚至自动驾驶相关的汽车产业，包括一些汽车服务业全部聚集到一个园区，使它们能够充分协作。我认为这是一个中国式创新生态探索的范式。一个关键行业发展起来之后，又会带动更多相关行业发展。

虽然政府在创新生态的打造方面出台了很多政策、文件，但是在实践中往往不尽如人意。比如，有时候政策可能会对行业竞争格局存在一定负面影响。以补贴政策为例，有的情况下补贴政策不利于市场自然出清、优胜劣汰，因此需要考虑到正确配置资源。如果对传统技术进行大力补贴，可能会增大对落后产能的需求，为落后企业输血，延缓了其市场自然出清的进程，甚至部分僵尸企业借补贴东风逆势扩产，对市场份额均有一定分流效应。这样就对有巨大发展潜力的科技企业不利。

因此，如果政府的创新政策能够实现正确的资源配置，为先进科技赋能，则有助于创新效率的提升。

助推创新越过三道关卡

与创新的四个环节相对应，政府的创新政策也应该从这四个环节入手进行调控。调控的核心就是让创新能够从高校到市场一步一步前进，减少推进过程中的阻碍。调控的重点是盯住环节与环节之间的三道关卡。如果政府在每道关卡上都能正确干预，就能减少创新过程中的阻力，更好地让科研实现产品化，让产品实现规模化，让规模化的产品顺利进入市场。

先来看第一道关卡：从科研到研发。前文提到，科研成果被高校转让后，必须经历一个把实验室技术转化为产品的环节，即产品化。这是所有科技企业都要面临的挑战。

今天科技创新的规律虽然是优秀的企业家找到好的项目去创业，但是在这个过程中存在一个很大的问题，那就是企业家没有能力看到尽可能多的科技项目，高校也很难为好科技找到合适的CEO。

过去，解决这个问题靠的是企业家的人脉和校友资源，自发地寻找和匹配。这样的效率比较低，因为优秀的企业家一般都是连续创业者，要先在一家企业做 5~8 年，成功后再找下一项科技孵化。有时候即便赶上一个好项目，他可能还没有结束上一轮创业，因此无力接手。等到他有时间创业了，好项目可能就已经被拿走了。另外，高校和产业界缺乏联系。因为高校技术转让办公室的人是学校员工，他们的学术关系十分丰富，却比较欠缺产业联系。以上两个因素就导致大量的先进科技不能正常地启动商业化。

很多高校把技术转让和孵化器联动，依然收效甚微，这是因为没找对 CEO。亚利桑那州立大学的"创业工坊"结合数据发现，成功的项目中，10 个里有 9 个是由 40~50 岁有经验的 CEO 操刀，而不是教授或者刚刚毕业的学生。所以，"创业工坊"把业内资深的企业家聚到一起，向他们介绍教授手头上有前景的科研成果，请他们帮忙推荐可以接手项目的 CEO。CEO 和 CEO 之间又是一个人际网络，这样匹配效率就比个人自己找高一些。

但这件事靠高校来做，规模始终有限。最理想的方式还是由政府搭建一个第三方信息平台，让学术界和产业界完成系统的、顺畅的对接。平台的功能包括让产业界知道学术界的科研动态，知道如何利用新科技创业，知道哪些前沿科技可以被大企业整合到自己的产品里等。同时，政府也可以动员产业资本加入进来，建立母基金，为投资基金提供支持，最终通过高校、科技企业家、大企业和资本四方的信息沟通与协作，解决科技企业启动过程中信息不对称的问题，让好科技匹配到好企业家，好企业家匹配到好的投资人。这样一来，整个创新生态参与者的信息透明化后，运转的效率就会更高。

当然，要搭建这个平台需要投入一大笔资金。投入资金以后，或许也很难找到盈利机制。但政府作为调控者，就是要秉持整体利益最大化的原则，填补创新生态中的空白，促进整个创新生态的发展。

现在国内出现了很多行业峰会、论坛活动，也承担了一个沟通交流、合作对接的职能。有的活动邀请到世界各国的院士、企业高管和资深人士，甚至出高价邀请获得了诺贝尔奖的科学家。这些活动的问题在于，虽然有明确的论坛主题，场面很大、参与者众多，但是平台并没有可靠的运行机制来保证学术界和产业界顺利对接。很多人带着需求来，并没有找到相应的解决方案。此外，活动组织者对产业的创新链条理解不够深入，比如，没有认识到创新的主体是科技企业家，而不是科学家。参加活动的企业家看不到足够多的科技项目，获得诺贝尔奖的科学家也没有实质性的合作需求。

不过，现在出现了一些拥有产业对接功能的非营利性行业组织，起到了一定程度的示范作用。比如，一些地方性行业协会、行业联盟的覆盖领域包括虚拟现实、机器人、智能制造等。这样的行业组织往往是民间性组织，有的实行会员制。会员可以是高校研究人员、专家、学者、企业高层等，付费之后每年可以参加行业组织举办的培训、展览、会议、论坛等活动，有机会沟通交流、对接合作。

眼下，我们已经对产业对接、技术转化的重要性有所认识。但总体来看，我国的行业协会还处在起步阶段，从高校对接的科研成果并没有实现大量的研发转化。这跟从业者对产业的创新链条理解不深入，还没有找到特别有效的操作和运营方法都有关系。

在这方面，美国国家制造创新网络计划有着成熟的运行机制，在将科研转化为产品方面起到了重要的作用。通过这项计划，截至 2019 年，美国已经组建了 14 个科技领域的制造创新研究院，包括增材制造创新研究院、数字设计与制造创新研究院、光电集成制造创新研究院等。这些创新研究院聚焦于研发起步阶段和商业化之前的创新，尤其是技术可以进行小批量生产，但还未到产业化规模生产的阶段。国家的资金和扶持帮助这些创新研究院在最初的 5 ~ 7 年成长起来，资助金额为 0.7 亿 ~ 1.2 亿美元。[3] 之后逐步收回扶助资金，让它们凭借自己的运营机制建立稳定的资金来源，实现自我"造血"，从而在市场上发展壮大。

在运作机制上，美国国家制造创新网络计划采用政府、学术界、工业界三方合作的方式。以其中的增材制造创新研究院为例，它是由美国国防部、美国能源部、美国国家航空航天局、美国国家科学基金会、美国商务部 5 个政府部门，以及多家企业、学校和非营利性组织组成的联合团体共同出资建立的。这家研究院还有另一个名字——"美国制造"（America Makes）。这个名字体现了美国重振制造业的决心。"美国制造"采用会员制度，会员包括知名高校、材料供应商、软硬件方案提供商、大型制造企业。所有加入的会员都可以访问研究院的增材制造资源库，有机会获得研究资金来进行研发，还可以参与会员专享的活动。大企业可以接触潜在的收购对象，进行产业布局；小企业可以获得政府的帮助，随时了解市场的成熟度；学术界可以获得开展合作的机会，与企业协同研发；政府则会发起特定的研发项目，提供基础条件、资金支持。

"美国制造"的研发项目是怎么进行的呢？"美国制造"的专家在经过周密的调研和规划后，会面向会员发起一系列研发项目，也就是"项目呼叫"，类似于项目招标。研发项目涵盖了 3D 打印设计、3D 打印材料、3D 打印工艺等五大领域。会员可以申请参与该项目的研发。主申请人一般是会员单位，其他参与研发的机构可以是非会员单位。一个项目可以有多家高校、企业、机构参与。

这些研发项目在"美国制造"的官网上都是开放的，会员和社会各界都能随时了解这些研发项目的进程。比如，2016 年 8 月结题的一个研发项目为：金属粉末 3D 打印工艺的快速鉴定方法，保障高质量零件的制造和鉴定。这项研发项目由卡内基·梅隆大学、北卡罗来纳州立大学、GE 航空、橡树岭国家实验室等十几家机构协作完成。2018 年 6 月结题的一个研发项目为：为熔融挤出 3D 打印技术开发某种热塑性材料。这项研发项目的参与者包括威奇塔州立大学、美国 3D 打印龙头斯特塔西公司（Stratasys）等 8 家机构。截至 2019 年 10 月，"美国制造"已经公开了 71 个研发项目，研发成功的项目高达 36 个。[4] 这些研发项目将产生大量的知识产权、成果转化，服务整个美国制造业。

到了从研发到量产的第二道关卡，这个时候创新生态里的格局开始明朗，参与者彼此了解，但相互之间存在利益冲突。比如，电动车和燃油车、锂电动力系统和柴油发电机就是一种竞争关系。这时候就需要政府制定竞争规则，在兼顾现有企业利益的情况下，适度向先进科技企业倾斜，从而保障整个产业的良性发展和新陈代谢。

相比国外，中国政府的产业支持做得很好。欧美传统燃油车的市场主导地位仍然稳固，而中国的电动车产业已经全面开花，发展水平位居世界前列。这得益于中国政府的强力推进。还有太阳能、手机电子产业在中国的集中爆发，也是因为政府的产业支持做得好。

为什么会出现这样的差别呢？

这是因为国外政府强调保障就业，而越传统的产业就业岗位越多。如果先进科技会影响现有就业岗位，国外政府就会倾向于维护原有技术，做不到丢掉传统产业，去支持科技创新企业。而且，国外有很强大的工会组织。企业一旦设立了一个工作岗位，工会要做的就是千方百计地保证这个岗位不会丢。

但新兴科技最终还是会战胜传统科技，该失业的依然会失业。新的科技也会创造新的工作岗位，国外政府的不作为只是延缓了这个过程。市场一直是向前发展的，科技在不断进步，工作所需的技能也在不断变化，固守老岗位是不现实的，拥抱变化才是更积极的做法。

在中国，政府对先进科技的支持就坚决得多。落地的创新企业，20%～50%的投资来自地方政府。除此之外，中国政府每年还在职业培训方面投入大量资源，补贴了很多资金，去帮助原有岗位消失的人去掌握新技能。

由世界知识产权组织、美国康奈尔大学、欧洲工商管理学院联合发布的《全球创新指数》是评价一个经济体创新能力的主要国际报告之一。《2018年全球创新指数》报告对126个经济体的各项创新指标进行了排名，指标涵盖知识产权申请量、移动应用开发、教育支出、科技出版物等方面。中国的综合创新指数在2018年首次跻身全球20强，位列第17。报告显示，中国多项创新指数指标突出，尤其在人才培训与人力资源模块，中国政府给予知识工作者的培训与就业机会，在全球创新指数中单项排名第一。

中国政府大力支持先进科技，由此带来的是产业生态的兴起。在新能源汽车的政策扶持方面，中国制定的相关顶层规划非常完备。2012年出台的《节能与新能源汽车产业发展规划（2012—2020年）》做出了2020年我国部分类型新能源汽车生产能力200万辆，累计产销500万辆的规划。政府对汽车配套的基础设施也很重视，2015年《电动汽车充电基础设施发展指南（2015—2020年）》明确提出，2020年全国将建成480万个充电桩，其中包括分散式公共充电桩50万个，私人充电桩430万个。当然，对新能源汽车的补贴政策也对新能源汽车消费市场起到了一定的激励作用。

可以说，在政策支持和技术进步的带动下，新能源汽车高速增长，也带动了锂电池产业链的完备。在锂电池产业链中，每个环节都聚集了一批企业，包括前端的锂矿、钴矿，解决了电池的材料来源；中端的电池材料，包括正极、负极、隔膜和电解液锂电池四大核心材料，国产化已经超过90%；后端以比亚迪和宁德时代为代表的电芯制造，将电池进行加工封装，直接对接整车厂。而以比亚迪、宁德时代、天津力神等为代表的中国企业在自动化生产程度方面已经达到，甚至超越了松下、LG化学、三星

SDI 等日韩巨头，近几年在生产控制和产品品质方面取得了长足进步。根据公开资料，中国领先企业的锂电池良品率由 2014 年的 70% 提升到 2017 年的 90%。中国已经有了极其完善的锂电池产业链，成功实现了从研发阶段到量产阶段的过渡。在自给自足的同时，还有相当一部分出口到了海外市场。这一切成就都离不开政府政策对新能源汽车的大力推动。

因此，中国政府能够在产业侧对创新提供更强大的支持，让产业显示出更强的活力。

再来看助推创新需要越过的第三道关卡——从量产到市场。

政府对科技企业的支持本身并不是调控的最终目标，最终目标是让科技产品为社会广泛使用，提升整个社会的生产力和运行效率。所以，政府还需要引导市场消费，帮助科技企业的产品迅速占领市场。只有产品进入市场以后，创新的链条才算连接上。

但科技产品有一个弱势，那就是用户认知度不够高。政府应该增加让用户了解科技产品优势的机会，提供差异化行政服务，帮助科技产品达到被消费者接受的效果。

在面向企业客户的市场方面，我们看到中国政府会向积极进行机器换人、装备升级的企业发放先进制造业的补贴。比如青岛市工业和信息化局公示的 2019 年工业企业"机器换人"奖补政策，共有 63 家企业获得总计 762 万元的奖补。这些企业利用先进技术设备替换老旧设备，提高了劳动生产率。其中，上汽通用五菱汽车股份有限公司青岛分公司获得的补贴数额最高，为146.23万元。根据青岛财经网的报道，2018年，青岛市共投入约2.5亿元进行"机器换人"，累计减员近5 000人，成效已经初步显露。这些做法都助推了先进科技的应用。

在面向普通客户的市场方面，以新能源汽车为例。在行业发展的初期，中国政府除了推出研发环节的基金补助、生产环节的双积分等政策，还在消费环节提供财政补贴、税收减免，在使用环节推出不限牌、不限购措施，在运营侧提供充电优惠，以此覆盖新能源汽车的整个生命周期。

经过10年的发展，中国的新能源汽车产销规模快速增长，政府又适时地降低了补贴力度。2019年3月，财政部、工业和信息化部、科技部、国家发展改革委联合发布了新一轮的补贴退坡政策《关于进一步完善新能源汽车推广应用财政补贴政策的通知》。政策明确指出，降低新能源乘用车、新能源客车、新能源货车补贴标准，促进产业优胜劣汰，防止市场大起大落。对于续航短、电池技术差的逐步减少补贴，甚至取消补贴。对于续航里程高、电池密度大的，则继续倾斜支持。

至此，整个行业必然会迎来一轮洗牌，直到新能源汽车在价格、性能以及配套设施方面都能和传统燃油车竞争，这个产业才算真正成熟，才算站住脚跟。而在这个过程中，具备技术、资金、规模优势的企业会脱颖而出，竞争优势薄弱的企业将会逐步被淘汰出局。

这种"梯度补贴"的政策非常科学，我们从中可以清晰地看到三个阶段：

一是当产业处于幼年期的时候，补贴企业，吸引企业进入新领域。

二是当产品要开发上市的时候，补贴产品，扩大科技产品的市场份额。

三是当产业壮大的时候，逐步取消补贴，这时科技企业就已经有实力与传统企业竞争了。

政府在创新生态链中的核心职能，就是使创新在每一个阶段都能够顺利过渡到下一阶段，提升整个产业链效率。

政府创新政策的转型

一直以来，中国都有一个非常独特的优势——政策的稳定性很高。美国也好，欧洲也好，换个领导人政策就全变了，签了协议都能反悔。但是中国的政策一直是持续的——持续支持创新、持续支持科技发展。

荷兰格罗宁根大学前校长彭浦曼（Sibrandes Poppema）讲到，中国特色治理有两个重要优势：一是中国领导层能够听取各方意见，着眼长远，科学决策；二是具有制度优势，能够保持政策长期稳定。五年规划等一系列一以贯之的政策，使得科学决策能够得到贯彻落实。每次的五年规划必须要在前五年规划的基础上做延续，使中国能够进行一些长期布局。科技就是需要长远布局的。反观全球很多国家，它们的政策都很混乱，无法提供长期支持，导致很多科技在实行市场经济的地方也没有发展起来。

这里存在一个核心的问题：科技创新不完全是市场经济的事情，它同样需要培养。培养初期，科技创新是非常小的幼苗，得益于各种力量的支持才能实现快速成长。在此阶段，政府需要配置各种条件，创造各种环境扶植它。这就需要我们具备更长远的眼光，向初期的科技创新提供适当的支持。这是本书研究的一个重点。

中国在支持创新、培育创新这方面做得好和政府长期以来的五年规划是密不可分的。而这样的规划，需要中央与地方政府共同承担和分级实施。国务院作为最高国家行政机关，提出政策方向，在宏观调控、制度框架、产业顶层规划方面起到主导作用，地方政府则根据本地区的实际状况，制定适当的措施并负责执行。但我发现，一些地方的视野往往没有那么远，很容易将支持创新变成领导工程。上一届领导支持的创新项目，在下一届领导那里就可能发生变化。我认为，至少在科技创新领域，地方也需要像中央一样有更加长远的眼光，同样开展五年规划，让地方在创新上也能拥有更强大的延续性。毕竟，企业要走到一起，地方对创新的支持也至关重要。

另外，值得注意的是，随着创新规律的变化，政府扶持的主体也应该同时发生变化。

过去，为了吸引外资，中国政府给了外资企业与合资企业很多优惠，使"世界500强"企业纷纷到中国安营扎寨。后来，政府对创业创新的企业也予以各种扶植，让创业创新企业能够源源不断地涌现。这其中也包括科技创新企业，国家给予科技企业认定以后，也采用了相应的扶植措施。我觉得这些都是非常有意义的。

但是，现在的形势有所改变。第一，"世界500强"企业不再是创新的源头，所以给予它们的优惠政策可能要进行一些收缩。第二，过去对于创新企业的认定相对简单，主要是看公司里有多少位硕士、多少位博士。实际上，硕士、博士的含金量很难评估，企业拥有多少先进的专利才更为重要。所以，当我们认定一家公司是否为高科技企业时，只需要对它的专利进行评估。

评估可分为以下几点。

第一，专利应尽量是国际专利。过去的研发大多强调进口替代，但是随着科技进步的速度越来越快，必须强调全球领先。

第二，允许公司独家获得授权，不一定要自己开发专利。不管是中国企业还是外国企业，或者是留学生回来创办的企业，只要在中国经营，并能带着世界性的先进专利过来，我们就应该给予支持。

第三，生产科技产品的制造企业也可以被认定为高科技企业。尤其是那些和科技企业形成长期合作的制造企业，要鼓励它们利用中国优势帮助全球科技企业解决量产问题。

如果我们能够在开放原则不变的情况下，从"招商引资"转变到"招商引技"，然后在细节上调整先进科技企业的优惠政策，就一定能够刺激创新的进一步发展。

第四章

中国决定全球创新的未来

//////// 全球化 4.0 ////////

　　全球化深入到创新分工的新阶段。科技创新链条上的四个环节——科研、研发、量产、市场——分布在不同的国家，需要国家与国家之间的协作才能完成。

我们在前面的章节重新认识了以科技企业 3.0 为核心的科技创新生态，梳理了构成创新生态中的每一个重要参与者。你或许有疑问，在这个全球化的创新生态中，中国能起到什么样的作用？欧美国家的科研转化已经走在了前沿，我们应该怎么做，才能抓住这一轮全球创新生态的机会？我会告诉你，中国在创新生态中起到了非常关键的作用，甚至可以说，中国决定了全球创新的未来。

本章会详细论述中国在创新生态中起到的重要作用，指引中国成功形成产业升级的发展方向和指导方针，提出实现中国和平发展、拥抱新一轮全球化 4.0 的方法论。

⫷⫸ 中国制造支持全球创新 ⫷⫸

如今，我们正面临一个巨大的机会，这个机会和当年的工业革命是一个量级的。与工业革命不同的是，这一次我们有能力参与，时机正好，而且手里有牌。如果我们能够把握住这次机会，中国经济不仅能够实现更长时间的高速增长，更重要的是，中国将成为全世界科技创新生态中的一支主要力量。

像认可科技一样认可制造

杜克大学戴维·白瑞迪（David Brady）教授的故事让我深受震动，因为它体现了中国在全球创新生态中占据的重要位置。

白瑞迪教授发明了一款叫作"螳螂"（Mantis）的超级相机，

它有19个镜头，能够将拍摄到的画面组合成10亿级像素的图像（见图4-1）。这款超级相机与人脸识别技术结合，可以帮助警方实现远距离人脸识别，即使隔着一个足球场，也能清楚地识别人脸，追踪犯罪嫌疑人。

白瑞迪教授2012年在美国成立一家公司后，又于2016年在中国成立了公司——安科迪（Aqueti），并将中国公司作为母公司，把主营业务都放到了这里。美国公司则是子公司，主要负责研发工作。

图4-1 10亿级像素超级相机"螳螂"

2019年8月，我拜访了白瑞迪教授，请教他为什么要把公司搬到中国。他告诉我，这是他经历了几番失败，摸索出来的唯一解。

为了做出这个 10 亿级像素的镜头，白瑞迪教授无数次碰壁，都没能解决制造问题。在美国，他向柯达寻求过合作。但柯达追根溯源是一家化学公司，擅长做的是胶片，在生产镜头方面并没有什么优势。美国军方也表示对这项技术感兴趣，但它只愿意支持军用的小规模生产，而白瑞迪教授希望将他的技术转变为能大规模量产的产品。因此，他又花了 4 年时间在日本、德国这些擅长做镜头的国家寻找制造商，和索尼、松下都谈过合作。他发现，日本和德国的光学镜头器件虽然做得好，但是它们只接受大批量订单，可以生产 1 万件、10 万件。如果一次只生产 100 件，还要不断调整修改设计，这样的订单没有企业愿意接。于是，白瑞迪教授又调研了很多做相似硬件产品的公司，发现连美国运动相机厂商 GoPro 也在中国深圳做产品。最后，他决定到中国寻求制造机会。

正好杜克大学在江苏省昆山市有一个分校。2016 年，白瑞迪申请到昆山分校当教授，同时在中国成立了一家公司，担任首席科学家。没想到，中国政府和产业界不仅帮助他解决了量产问题，还帮他解决了资金问题。

在美国，白瑞迪教授曾经尝试在众筹网站 Kickstarter 上融资，但只筹到了 2.5 万美元。来到中国之后，这家公司在两年内就融到了 2 800 万美元，远远超过在美国融到的资金规模。得到了足够的资金后，白瑞迪很快就在中国组建了工厂。现在这款超级相机已经投入量产，而且接到了非常多的订单。

为什么白瑞迪教授去了那么多国家，找了那么多厂商，最后只有中国企业能帮他做出产品呢？前文提到，中国的复杂产品的大规模开放制造，在全世界都是独一无二的。中国企业帮助跨国企业做代工制造时，积累了丰富的经验，培养了大量有科技制造经验的企业家。我们能够支持小批量的生产，帮助创新企业做产品的调整和修改。日本、韩国、德国的制造水平虽高，却不够开放，无法支持科技产品的生产。当小科技企业成为创新的主力以后，中国独有的这种制造能力就成了最稀缺的能力，成为关乎企业生死存亡的关键因素。

但直到今天，仍然有很多人对中国制造评价不高，认为科技都属于别人，我们不过是帮人量产，不占股份，不拥有知识产权，所以没有什么价值。这是一个非常大的误解。在创新生态当中，中国最重要的能力就是代工生产。我们应该像认可科技企业一样认可制造企业，认清我们最大的实力——制造能力。

中国制造的地位难以替代

有一种观点认为，未来中国作为"世界工厂"的地位可能会动摇，因为出于降低劳动力成本和避税的需求，很多制造工厂会迁到东南亚。对此，我并不认同。其中有三个重要原因，分别是中国的自动化改造、产业集群优势及能够对接先进科技的制造能力。

第一，中国已经进行了自动化改造，劳动力成本不会对我们现有的制造优势构成威胁。实际上，中国制造企业早在 10 年前就开始进行大量的机器换人，最传统的行业已经使用上最先进的技术。如今，低端制造业可能会迁出去，但是已经实现自动化或正在用机器替代手工劳动者的工厂暂时没有这种风险。

这是因为，企业如果想把自动化工厂迁出去，就需要花费巨额的成本培训有素质的员工和管理人员，购买先进的制造设备，搭建符合国际认证标准的智能制造管理体系；而其中又包括经营战略、资源管理、运营管理等的重新制定和改造，是一个复杂的系统工程。只有完成了上述步骤，工厂才能有效运转起来。而这笔巨额投入不是一般的代工企业能够负担的。

退一步讲，如果企业是看中了东南亚的劳动力成本优势，到东南亚建设一个新工厂，就只能恢复到手工生产，但这样做根本不划算。即使东南亚的劳动力再便宜，也不可能比机器便宜，而且机器能 24 小时不间断工作。

2019 年的前哨科技特训营中有一位在泉州从事高端制鞋的学员。按道理来说，制鞋业属于最低端的制造业，对薪酬支出十分敏感。如果人力成本上升，工厂最有可能迁到越南。但在他的工厂，大部分工作已经被机器取代，需要手工劳动者进行操作的工作很少，这样的制造企业就不会外迁。

我还在2019年参观了一家湖南湘潭的槟榔制造企业——皇爷食品。在我们的观念中，槟榔加工属于比较低端的需要手工操作而且利润微薄的传统行业。但是，皇爷食品的负责人表示，一方面，现在已经没有年轻人愿意来工厂做事，中国的制造企业早已不是20年前全靠人力的劳动密集型产业了；另一方面，由于技术的进步，各个工厂都开始大量引入机器，逐步实现自动化工厂改造。皇爷食品原来有3万多名员工，通过引入机器，改进技术，代替人工操作，现在只有6 000多名员工。相关负责人还向我咨询，是否能引进更先进的技术来替代更多劳动力。

实际上，从今天的这个时点往回推10年，国内的工厂与工厂之间的竞争就已经非常激烈。竞争的结果是，工厂要么进行自动化升级，减少雇用劳动力人数；要么等待被同行淘汰，搬迁至东南亚。也就是说，该迁出去的企业早就迁出去了，没迁出去的一直在用机器代替劳动力。中国制造业的自动化是进行得最彻底的。

破除了对劳动力成本的误解，我们再来看中国制造不会迁出的第二个原因：产业集群优势。

世界上没有一个地方有能力承接中国制造的全面转移。中国拥有完整的产业链、优质的基础设施、高素质的工程师和技术工人，以及政府对产业侧的政策支持。这些优势是中国在长三角、珠三角以及内陆一些地区形成更完善的产业集群的决定性因素。

现在任何一个产业都需要产业配套。很多复杂的电子产品需要上百家，甚至上千家工厂作为配套，从而形成一个庞大、复杂的供应链网络。这对于制造业，特别是零部件繁杂的电子制造业来说尤为重要。产业配套，不仅会降低物流成本，更关键的是，充足的配套产业能够满足订单量剧烈波动时带来的需求变化，即在短时间内凑够紧急订单所需要的零部件和原材料。强大的配套资源供应可以有效降低制造上的原材料库存量，从而减少资金的占压。正如施展老师所说，中国就是因为发展起这样一个庞大的供应链网络，才一举成为世界工厂的。[1]反观美国，它已经脱离电子制造工业很长时间，相关的配套产业很不完整，无法形成一个庞大和复杂的供应链。

人们通常认为，苹果公司和其他公司之所以会选择在中国的富士康组装产品，是因为这里的劳动力成本低。但是，富士康成功的关键原因之一，不在于廉价劳动力，而在于齐全的配套产业带来的灵活性。并且，富士康有数十万工人住在园区内部，很容易调拨，其组装队伍可以说是 24 小时待命。

制造初代 iPhone 的时候，富士康就表现出了这种灵活性。苹果公司 CEO 库克在自己的首部传记《蒂姆·库克传》(*Tim Cook: The Genius Who Took Apple to the Next Level*) 中提到，苹果公司经常在最后一刻更改产品设计，需求量还可能会大幅波动。初代iPhone计划在2007年上市销售，但就在上市的前几周，产品设计出现了巨大变动。在最后一刻，乔布斯决定将塑料屏幕换成玻璃屏幕。当时，这款iPhone的原型机已经在乔布斯的口袋里装了几个星期，塑料屏幕被钥匙严重刮花了。他意识到，如果顾客买了手机，也会出现同样的问题。因此，他要换成更加耐用的玻璃屏幕。据《纽约时报》报道，几周后的一个夜里，玻璃屏幕的供应商将新的玻璃屏幕运送到了富士康。8 000多名工人轮班工作，将新屏幕安装到手机上。短短几天之内，富士康的iPhone单日产量就超过了1万部。

中国的珠三角和长三角已经成为全世界最强大的电子产品配套基地，我们完全没必要担心制造工厂外迁，因为一家工厂背后是成百上千家企业配套的供应链，只迁出去一个工厂是没有用的。即使真的迁出去了，配套企业没有迁出去，迁出企业还是在同一个供应链网络的内部，产品所需的大部分零部件还是在中国生产，结果就会导致迁出企业的物流运输成本、管理难度都大大增加。

中国制造不会迁出的第三个原因是，中国制造是唯一能够对接先进科技的制造。

制造先进科技产品的背后，蕴含着大量的技术。这在过去被认为只是一个小技能，没有上升到科技实力层面。但实际上，制造先进科技产品这个能力的门槛很高，其他国家短时间内学不会。最典型的例子就是前文已经介绍过的富士康。产品被设计出来和产品能够稳定量产之间存在着一个巨大的鸿沟，需要专业人员研究配合才能解决。富士康在中国的 5 000 多位工程师就是帮助企业跨过这道坎的。

你可能会认为，中国的这个能力，美国也可以学。但是复杂的、技术含量很高的制造能力不好掌握，更不好学，它的迁移成本很高。不说美国，就连中国真正有这种全套本事的地方，也只有珠三角和长三角等很少的区域。

如今很多人可能已经不知道，富士康在十几年前的竞争对手是比亚迪。比亚迪是世界上最好的电动车厂，它也曾经是世界最优秀的手机代工生产企业之一。当初它在和富士康竞争 iPhone 订单时，富士康险胜，比亚迪惜败。而富士康正是因为做了 iPhone 的手机代工，从 2007 年生产第一部 iPhone 到现在，积累了大量的制造经验，才成为世界第一的手机代工厂。那么，为什么如今演变成比亚迪退出手机代工领域，富士康甩开所有竞争对手的局面呢？一方面，苹果公司是科技创新做得最好的科技企业，iPhone 从第 1 代到第 11 代不断地更新，而每一代更新，都能使富士康将更多技术沉淀到自己的生产上。

另一方面，当富士康生产其他品牌的手机时，也会用到这些先进技术和经验。也就是说，富士康不仅提升了自己的制造竞争力，还提高了整个手机产业的水平。

虽然一直有传言说富士康要离开中国，但富士康并没有真的走出这一步。截至目前，富士康超过80%的工厂都位于中国的内陆地区，技术的进步、行业的不断升级，使富士康获得了留下来的底气。毕竟，中国拥有全球最大的市场，社会稳定，人才密集，远不是东南亚可以比拟的。

系统的制造能力不是一个可以搬来搬去、随时迁移的能力。它是一种越练越好的能力，它需要的经验门槛很高。

基于中国的自动化改造、产业集群优势及能够对接先进科技的制造能力这三项优势，中国制造的地位在10~20年内不会丧失。但是前文提到，中国制造是一个机会窗口，真正挑战中国制造地位的是以美国为代表的先进制造。10年之内，如果中美科技制造对接不顺畅，美国自己的制造业就会崛起。到那时，中国制造的地位才会被撼动。

中国成为创新链条的控制点

今天，中国是全球科技产品的最大出口国。美国国家科学基金会发布的《科学与工程指标2018》报告显示：在中高端的制造业产出方面，中国占主导地位，其全球份额在过去10年间几乎增长了2倍，达到32%，在2009年超过了美国，2012年又超过了欧盟。这种成就的取得得益于中国制造在全球创新生态中的位置。

以前，我们认为在创新链条中，制造并不重要。我们总是纠结以美国为代表的西方国家为什么处于创新链条的前端，以及中国为什么不能是前端的问题。现在，局势发生了改变，后端的重要性不断突显出来。我们的任务是构建一个完整链条，让不管是美国、以色列，还是英国的技术在前端研发后，都将后端对接到中国制造。

在创新链条里，如果我们能找到核心控制点，并在这个核心环节中展现出不可替代性，就能够在这个产业链中占据优势位置。

以生物医药产业为例，在很多人的心目中，美国制药公司辉瑞（Pfizer）的研发能力很强，总是推出新药。但实际上，辉瑞的很多新药不是它自己研发的，而是买来的。因为医药公司的核心竞争力不是前端的研发，而是后端强势的销售推广。辉瑞每年雇用三四千位医药代表，每天拜访医生，推广药品。任何一款新药上市，第一年的销售额要达到10亿美元才算成功，否则就不值得推向市场。在这样的格局中，研发型的小型医药公司很难获取机会，它们最好的结局就是被辉瑞这样的大公司收购。因此，医药巨头凭借强大的市场能力占据了后端这个核心位置，垄断了这个行业。看了这个例子，你认为在医药领域应该做前端，还是像辉瑞这样做后端呢？前端前途未卜，辛辛苦苦将药物研发出来，还得求着大企业收购。在创新的链条里，只要能找到控制点，就能占据绝对的优势地位，甚至比前端还吃香。

但在现实中，我们看到的是价值的错配。一方面，中国的制造企业衔接起创新生态中最有价值的一环，帮助科技企业成功实现了量产；另一方面，它们的日子并不好过，还是在帮别人干苦力活，收益不大，提升空间也不高。

之所以会出现这样的情况，还是因为我们不够了解全球科技的创新规律，在实际操作中出现了一些偏差。

很多人一提到科技企业就默认它指的是大企业，一提到小企业就下意识地认为它们永远长不大。所以，国外的小科技企业来到中国和制造企业对接，经常会碰到不被制造企业重视的问题。但实际上，科技企业的大小时刻在变化，小企业经过 30 年左右的时间就可能发展成为"世界 500 强"企业。

科技企业产品的产量也有一个从小到大的过程。产量虽然一开始会比较小，但随着研发的推进和市场的拓展，会越来越大。但是，中国的制造企业并不了解自己在全球创新生态中的位置。它们虽然有能力进行小批量的、灵活的科技产品的生产，却更倾向于承接大企业大批量的订单，追求短期利益。可大企业有能力自建工厂，外包生产只是转嫁成本的一种方式而已。结果就是，这些制造企业既不愿意接小企业的订单，也得不到大企业的重视。这相当于给别人干了最有价值的工作，却没有索要到自己应得的报酬，只是简单地赚加工费。

应该如何改变这个局面呢？从制造企业的角度来看，我有三点建议。

第一，中国的制造企业必须学会主动对接科技企业。

根据我们的调研，现阶段中国的制造企业还是以被动接单为主，缺乏主动对接科技企业的热情。它们之所以不愿意支持小科技企业的量产，是因为双方都缺乏信任。制造企业认为，最开始的 1 000 件产品是由它们完成的，它们为小科技企业开模、调整供应链，辛辛苦苦做出产品，等到小科技企业真要量产 10 万件产品的时候，却找了别的大厂做，那它们多不划算。与此同时，科技企业也在打着小算盘，它们一般会同时找五六家工厂，哪家都不会签独家合同。因为它们担心万一签了独家合同，遇到工厂到期交不了货，或者想趁机讹自己一笔的情况会很麻烦。双方就都这么提防着彼此。越不签独家合同，制造企业就越不愿意在小批量订单上投入精力，国外科技企业的生存境况也越发艰难。

所以，需要一套完善的机制来促成双方的长期合作，从根本上解决制造企业的积极性问题。海银资本目前推行的做法就是前文提到的"制造即投资"的产融资本模式。这种做法的好处是可以让双方利益长期绑定，让制造和创新共享长期利益。

第二，中国的制造企业必须主动参与到科技创新中来。

制造企业最宝贵的价值，是能够和科技企业一起协同研发，帮助科技企业调整产品设计，从而将产品早日推向市场。在这个过程中，制造企业能积累大量的制造经验，不断提升自己的先进制造能力。但是，在旧的利益分配机制下，制造企业在支持科技创新企业上动力不足，所有的配合都是一次性的，只是贸易型的合作。像富士康这样靠帮科技企业做复杂产品的代工，逐渐形成自己的技术优势的企业并不多。

所以，制造企业在和科技企业长期合作的过程中要主动参与到科技产品的研发中去，积累大量经验，从而形成自己的优势。前期用自己的灵活性优势帮助科技企业度过产品的研发调试期；等生产规模上去以后，再推动数字化管理，提高市场响应的灵活性，并实现按需生产。由此使自己从早期适应研发的生产，逐渐过渡到适应用户、适应市场的生产，甚至合并到科技企业内部，参与到创新企业的链条之中。

第三，中国的制造企业必须重视长期信用。

现在，全世界只要从事科技研发就要依赖中国制造。但目前制造企业与科技企业的合作网络是一个非常不正规的网络，全靠朋友介绍。在这个不正规的商业网络中，制造企业与科技企业的合作是随机发生的，这就很容易让中国企业养成在火车站门口开饭馆的心态，不重视长期信用。比如，有的代工企业不管能不能做出产品，都是先接单再说，等到发现自己无法按合同交货，再违约。此外，业内一直有个说法叫作"平行出口"——某国外公司找到中国的代工企业生产小家电，产品生产出来后，却发现这家代工企业自己偷偷生产了很多，并在其他渠道销售。

所以，中国的制造企业要对接全球科技企业，仅有能力是不够的，还必须建立海外信用。企业一定要意识到，自己的利润不是来自眼前的一笔订单，而是要形成长期合作关系，帮助科技企业实现量产，渡过生死难关后，分摊科技企业的后期价值。

作为海银资本的创始人，从资本的角度出发，我希望既服务好国外的科技企业，也服务好中国的制造企业——以资本为纽带，让双方的利益形成深度绑定，激发双方长期合作的动力。比如，当我们知道安科迪在与上海老牌国企海鸥商谈代工合作的时候，就委托安科迪告诉海鸥，自己背后有海银资本，可以支持量产。我们会透过国外科技企业向国内优秀的代工企业传递合作的信号，也会主动寻找制造企业，给它们介绍订单，并给予投资。我们在两头发力，帮助中国的制造企业补上与先进科技企业协作的能力。

从政策调控的角度，我们呼吁政府看到，中国在创新链条中真正的核心环节是科技制造。政府应该把对科技制造企业的支持提上日程，把它们纳入科技政策和补贴的范围，承认它们的价值，让它们发挥更大的效能。

　　与此同时，政府还要重视中国制造的品牌建设，让全世界看到，哪些先进科技产品是被中国人做出来的。制造这些科技产品，本身也是创新的一部分，有着很高的技术含量。政府要基于中国科技制造能力，广泛地宣传推广，用我们最有吸引力的地方去吸引别人，让全世界知道我们的优势，知道我们可以帮助全世界科技企业解决量产难题，从而扩大我们和全球创新生态的连接。只有将科技创新的链条打通，才能形成完整的全球创新生态。

⊪⊪ 中国产业升级的路径 ⊪⊪

一提到创新，很多人想到的是科研上的突破。中国人也强调，基础研究比技术应用更重要。我认为，科研固然重要，但最终推动社会进步的还是应用。目前，中国在应用方面做得非常出色。但同时要承认，在基础科研、高精尖技术方面，我们依然存在短板，离国际领先水平还有差距。在这种情况下，中国的产业升级也需要从应用端寻找突破口。

自主创新是目标，不是手段

目前来看，中国政府在支持基础科研方面的思路非常正确，只是成效还需要时间的积累。在推动基础科研方面，政策的具体思路可以分为三步。

第一步，增加科研成果的数量。

过去，中国高校在评教师职称的时候只看教师发表论文的数量，不看论文署名的位置。论文署名根据位置分为第一作者、第二作者、通讯作者等，每个位置的作者对该篇论文的职能分工和贡献不尽相同。只看论文发表的数量，不看论文署名的位置，即在无形中淡化了每位作者贡献的大小。换句话说，只要教师在研究项目中做出一定贡献，就能够在论文中获得署名，从而成为评职称的有力依据。在这种政策下，中国科学家表现出了与海外科学家合作的强烈意愿：中国出研究经费，使中国科学家能够参与到海外的研究项目中并做出一定贡献。所以，近几年中国学者和国际顶尖学者合作发表论文的数量在迅速增加。

这个政策的大方向没有问题。中国一定要先放开，鼓励教授与国外高校合作，才能提升自己的研究水平。然而，虽说我们现在的论文数量很多，有突破性研究成果的论文仍然很少。比如，在人工智能领域，中国的论文数量已经是全球第一了，但是人工智能领域的核心算法没有一项是由中国学者提出来的；中国学者论文的引文影响力指标也相对落后。这就需要我们从其他维度出发评判科研成果。

第二步，提升科研成果的价值。

近些年，中国高校开始强调中国教授在论文作者署名中的位置。在特定的学科领域，学术论文作者署名的首位和末位非常有价值。首位是第一作者，一般是项目研究中贡献最大的研究人员，此作者往往是项目中实验设计的主要操作者和执行者，记录各种数据、绘制图表，也是文章初稿的撰写人。末位是通讯作者，通常是项目总负责人，为研究项目提供指导性意见，承担研究项目的经费、实验设计、论文的书写和把关，是论文和研究材料的联系人。值得一提的是，通讯作者担负着论文可靠性的责任。理论上来说，合作写论文的作者都有研究成果知识产权的共享权。但在大部分实际情况下，知识产权一般都属于论文署名排末位的作者，也就是这个项目的总负责人（大部分情况是导师）。因此，中国高校开始有意识地评估：谁是研究的主导者，论文的归属权是否属于中国人。归属权属于中国人的话，这项科研成果对于中国的价值更高。

第三步，提升科研的真实实力。

等到我们拥有足够的科研实力时，中国高校将逐步取消各种硬性评定标准，就事论事地给教师评职称，这是可以预见的事情。所以，我认为我们不必为中国的基础科研担心，中国目前面对的真正问题是技术转化。

我们有很多出色的高校，每年会产出非常多优秀的专利，但是高校缺乏技术转化的动力，也无法形成以应用为导向的科研目标。很多人呼吁中国应当制定像美国《拜杜法案》一样的法律，给专利确权，推动高校专利的转化。对此，我们专门进行过中美对比研究，发现其实中国也有类似《拜杜法案》的法律法规。比如，中国科学院、科学技术部于 2016 年 8 月印发了《中国科学院关于新时期加快促进科技成果转移转化指导意见》，教育部于 2016 年 10 月印发了《促进高等学校科技成果转移转化行动计划》。只不过中国的情况更加复杂，导致政策在执行的时候，技术转化成果的数量和质量不尽如人意。主要原因有两个。

第一，中国高校的自主选择空间太小。大部分中国高校是公立的，如果专利转让不善，就存在国有资产流失的风险，所以专利转让费用普遍较高。相较之下，美国的高校比较独立，无论是公立高校还是私立高校，它们的自主选择空间都比较大，有权经营自己的资产。

第二，中国的信用机制还不健全。高校把专利转让给企业时更倾向于收取一次性的费用，而不是等待若干年后的回报。这种博弈关系又进一步提高了专利转让的门槛。小企业拿不到高校专利，也就无法培养出懂科技、懂转让、懂规则的科技企业家，这就形成了一个恶性循环。

解决问题的办法有两个。一是从政策上改进，主要针对专利转让不善导致国有资产流失的问题。专利转化政策可以细化专利转让环节的实施细则，比如，学习《拜杜法案》，把独家商业权益和专利所有权分开。专利依然归高校，而企业可以利用专利来进行研发，从而实现商业化。在利益分配的问题上，相关部门可以制定新的利益分配模式，以利益共享为原则。比如，企业先向高校支付低首付款，再按收入分成的规则为高校提取专利使用费。

二是参与到科技的研发当中，慢慢培育出懂全球化规则、有信用的科技企业家群体。过去40年，美国出现了许多科技企业家，这些科技企业家正在成为一个新的阶层。而中国也要慢慢建立有信用的企业家群体，这些企业家有了一次成功的创业经验之后，跟高校对接时就会得到充分信任。从高校转化的技术专利越多，企业家积累的成功经验也就越多，从而像滚雪球一样，进入到一个良性循环中。至于如何培育出懂科技、有经验、遵守商业规则的中国科技企业家群体，我将在后文详细论述。

不可否认的是，美国在基础研发和硬科技方面确实比我们要先进很多。中国正在急起直追，但是还没有追到世界最前沿。如果我们只埋头研发而不积极拥抱全球化协作，就容易陷入危险的境地，因为我们无法完全依靠中国高校内生式的增长帮助中国企业提升科技水平，而是要通过积极与世界最优秀的创新者协作，向他们学习先进经验，才能最终实现自主创新。所以，自主创新是目的，不是手段。

中国过去几十年制造业的发展，并不是自主提升到今天这种水平的。我们走的是为世界先进的产品做制造，先向别人学习，最后达到自主制造的这条路。在未来，中国的先进制造能力还需要继续提升。

提高先进制造水平

就像自主创新应该是目的，而不是手段一样，中国制造业水平的提升，也应该把提升智能制造的能力作为目标。如果在手段上规范太多，反倒形成了束缚。

很多人认为中国制造要走向高端，就要学习"工业4.0"。而"工业4.0"的核心是提升制造业本身的水平，提升工厂里设备的制造能力，尤其是发展像日本、德国那样的精密制造。提升先进制造能力的大方向没有错，但是细节需要深究。

我认为要提升先进制造水平，核心在于"造什么"，而不是"怎么造"。今天我们强调了太多"怎么造"，而对"造什么"并没有关注太多。

这是什么意思呢？提升制造实力不是靠提升制造能力本身，而是靠制造最先进的产品。只要在先进科技的制造上积累大量的成功经验，就能提升自己的先进制造能力，甚至发展成一个完整的产业生态。如果制造工厂没有先进的科技产品可制造，只升级工厂本身的制造能力也没有太大用处，产业生态更是无从谈起。

而"工业 4.0"过于强调制造能力本身的升级，比如，把机器人运用得多么好，无人化和自动化贯彻得多么彻底。但是，驱动制造业升级的主要因素，不是工厂自发性地想升级自己的制造能力，而是制造更先进的科技产品。前文提到的富士康就是典型的例子，通过制造先进的手机产品，将更多技术沉淀到自己的生产中去，提升了自己的制造能力，并发展出一个完备的手机制造的产业链，形成了自己的优势壁垒。如果富士康没有十几年来制造 iPhone 积累的经验，只是提升自己的制造能力、升级制造设备，是无法达到今天这样的制造水平的。

在 2018 年的 CES 期间，小米和脸书联合宣布，脸书的虚拟现实头盔以后都由小米生产，脸书在中国的软件系统都由小米设计。这是个非常值得称道的做法，我们要利用自己的制造优势争取和更多的科技企业合作，进一步提升自己的科技含量。中国完整的制造产业链已具备支持全球创新的能力，在未来，必须要和全球的创新进行深度结合。

因此，我们通过关注"造什么"而不是"怎么造"，与全球最先进的科技企业进行对接，助力它们的科技产品实现量产，不仅会得到制造上的经验，还会在生态产业链中的多方协作下，实现创新能力的提升，成为这个产业生态中的关键一环，甚至是整个产业价值链中的大赢家。

关于先进制造水平，不得不提的是芯片行业。大到火箭、高铁，小到手机、可穿戴设备，芯片都是这些产业得以发展的重要引擎。中国工程院院士邬贺铨说过，智能手机的芯片比火箭还要复杂。坦率地说，芯片产业依旧是我们的短板，我们还不具备高端芯片的制造能力。根据国家海关数据统计：2018 年，全世界集成电路销售额 4 680 亿美元，中国进口的就有 3 120 亿美元，进口额相当于原油、农产品、铁矿石的进口总额，我们自己生产的芯片仅占全球的 7.9%。

很多人认为中国的芯片制造能力不高，需要加强自主研发，提升制造水平。但是，先进的制造能力不是通过自己摸索或单纯提升制造技术就能习得的，它是在主动生产先进产品并参与到协同研发的过程中获得的。

过去，芯片的整条产业链都在一家企业的内部，英特尔就是如此。今天，芯片的制造流程变得相当复杂，耗资极高，整个产业链被纵向拆解开，成了一个密切合作的产业生态。在芯片产业链中，有的企业提供设计框架，有的负责生产硅片，有的负责生产晶元，有的负责芯片的封装……我们熟知的 ARM 和高通只负责芯片的电路设计，不负责制造。它们将设计好的芯片以知识产权的形式向客户进行授权，制造工作则会交付给代工企业。而采用集设计、制造、销售于一体的垂直整合模式的芯片企业只是少数。

很多人对芯片产业有一个误解，认为 ARM、高通、苹果、华为这样能设计出电路复杂、功能强大的处理器芯片的公司，是芯片产业最顶端的公司，而制造公司的地位不重要。事实上，芯片制造是非常高端的技术，可以说在产业链中占据了核心位置。芯片设计企业虽然设计出了更小的纳米制程的芯片，但能否制造出来，设计企业就无法做主了，还是要看制造企业的制造能力。谁能交付大批量、稳定生产的高质量芯片，谁就会在产业链中占据优势地位。

先进的芯片制造能力，是市场竞争驱动下由多方协作获得的。具体而言，在芯片的制造流程中有一个极其重要的环节——光刻，它的作用是将掩模版上的芯片电路图转移到硅片上。芯片在生产过程中一般需要进行 20~30 次光刻，成本极高，约为整个硅片制造工艺的 1/3。光刻的工艺水平直接决定了芯片的性能、功耗和制程水平。

目前，最先进的光刻工艺采用了 EUV（极紫外光刻）技术，可以将最小的芯片制程做到 7 纳米，并向着 5 纳米推进。但 EUV 技术的发展并非一帆风顺。荷兰半导体设备制造商阿斯麦（ASML）从 1999 年就开始了 EUV 光刻机的研发工作，但是难以支付高昂的研发费用。后来，其三大客户三星、台积电和英特尔投资 52 亿欧元，积极支持 EUV 设备的协同研发和生产，阿斯麦才在 2010 年成功研发出了第一台 EUV 原型机。[2] 目前，阿斯麦也是全球唯一一家开发出了 EUV 光刻机的公司。英特尔、三星和台积电由于投资了这一先进技术的研发，才能率先将其整合进自己的整个芯片制造生产线里。

由此可见，芯片产业的制造水平不是靠某家公司单打独斗、埋头研发就提升起来的。在各方的协同合作下，今天的这些巨头公司才拥有了先进的芯片制造能力。

全球芯片产业的发展给中国（提升先进制造水平）的借鉴意义有以下几点。

第一，要有产业布局。芯片产业有诸多重要环节，包括材料、设备、制造、封装、设计等，每个环节都有自己的核心技术。所以，对产业各个重要环节的核心技术发展，中国都要时刻跟踪，找到机会参与进去。

第二，要有耐心。我们应该从源头跟踪现在的前沿突破，争取尽早投资、尽早合作。芯片的一个研发周期至少是 10 年，现在这些领先的芯片，早在 10 年前就已经投入研发了，今天研发结出的硕果自然不会轻易转让给其他人。但是，10 年前可能有多个不同的技术企业在研发，那时每一家的研发都需要支持。如果我们能在 10 年前就对它们提供支持，等它们今天获得成功，我们当然就很有可能跟它们形成紧密合作，甚至有机会收购它们，或者达到控股。所以，一定要早投资、早合作，如果我们现在就能布局前沿科技，中国就会对 10 年之后的前沿科技突破有话语权。

第三，要应用领先。我们应该在应用上下功夫，像苹果公司一样，在市场上取得更大的话语权。如果我们在市场上是主导者，那么在和各个拥有原材料、零配件优势的企业合作时，才会有更强的主导地位。

总而言之，孤立地提升制造水平是不切实际的，最好的做法是主动去制造全球最先进的科技产品，服务前沿科技产业，从而让制造和研发充分对接，发展出完备的产业生态，只有这样才能提升自己的先进制造能力。

参与到研发过程中去

中国要想早日实现"自主创新"，不能仅限于提高自己的制造水平，还必须要求制造企业参与到研发过程当中。

在这里，我们引入一个指标——美国国防部和美国国家航空航天局联合推出的"制造就绪指数"（Manufacturing Readiness Level，简写为 MRL），它衡量的是一项科技从出实验室到进入量产环节的成熟度，见表 4-1。设立这个标准的目的，是将先进科技尽早装备到军队当中，既要最领先，又要很稳定。

表 4-1　制造就绪指数量表

MRL	定义
MRL1	确定制造的基本含义
MRL2	识别制造的概念
MRL3	制造概念得到验证
MRL4	具备在实验室环境下的制造技术能力
MRL5	具备在相关生产环境下制造零部件原型的能力
MRL6	具备在相关生产环境下生产原型系统或子系统的能力
MRL7	具备在典型生产环境下生产系统、子系统或部件的能力
MRL8	试生产线能力得到验证；准备开始小批量生产
MRL9	小批量生产得到验证；开始大批量生产的能力到位
MRL10	大批量生产得到验证和转向精益生产

制造就绪指数分成 10 个级别，新产品研发刚开始时，制造就绪指数是 1，做到大批量、高质量的生产时，制造就绪指数才能达到 10。只有达到第 10 级，产品才能装备到军队。

我们完全可以把制造就绪指数迁移到中国的产业升级路径中。对制造业企业来说，在为科技企业制造产品的过程当中，我们的目标就是尽量参与到更早期的阶段中去。如果我们现在做的是第 10 级的工作，那么我们可以争取参与到第 9 级、第 8 级，甚至第 7 级的制造，这样就可以逐步参与到研发过程当中。研发和制造紧密配合，才能更好地制造出高科技的产品。

过去，我们之所以有资格向跨国企业学习制造能力，是因为有巨大的市场。现在，我们有资格参与到研发过程中、学习研发能力，是因为除了巨大的市场以外，我们也有复杂产品的大规模开放制造能力。这种能力给制造企业参与研发、实现产业升级创造了得天独厚的条件。

中国的东南沿海就有一些企业，已经从代工企业转型成为原始设计制作商（Original Design Manufacturer，简写为 ODM）。客户要什么，它们连设计带制造都能做好，做完甚至把专利都给了客户。据我所知，全世界扫地机器人出货量的 1/10 都来自一家中国的原始设计制作商。因为发展良好，这家企业开始琢磨怎么做自有品牌。事实上，如果它能够进一步提升研发水平，让所有扫地机器人领域的商家都对它形成深度依赖，那么，即使不做自有品牌，它也可以依靠强大的设计、研发和制造能力建立行业壁垒，成为产业链的核心控制点，实现更好的发展。

中国还有大量的企业有市场、有产能，但是缺乏前沿科技，因此参与不到研发过程中。它们与其发展内生式创新，不如用海外布局的办法解决科技升级问题，在科技企业孵化早期就介入并进行投资，跟它们建立合作，深度参与到研发过程中。学到宝贵的产品化经验后，我们也可以直接对接国外先进科技，通过这种战略投资合作，最终达到直接对接高校、完成产品转化的目标。

培育中国的科技企业家

吸引科技企业来中国创建公司，一方面，能够帮助国外科技企业跨越"死亡陷阱"，实现量产；另一方面，这些国外公司在中国落地，会给我们培育一批懂科技、懂对接、懂国际商业规则的人才。

我一直在强调创新链条中企业家的价值，因为只有科技企业家才能穿起从科研到市场这个完整的创新链条。目前，中国要实现创新井喷，最缺的就是这样一批科技企业家。

在这件事情上，白瑞迪教授的故事对我很有启发。前文提到，科技企业的组织架构一般是"双长制"：一位有着丰富市场经验的 CEO 加上一位有着深厚技术科研背景的首席科学家。安科迪这家公司也遵循"双长制"的架构，白瑞迪教授担任首席科学家，企业的 CEO 则是一位中国人——王惠东。一般来说，跨国企业都是美国 CEO 拥有更大的权力，但在安科迪，中国 CEO 也是全球 CEO。

我去安科迪考察的时候，与王惠东进行了深度交流。这位CEO 的简历非常漂亮，他拥有北京大学学士和美国俄亥俄大学硕士学位，曾担任多家跨国企业高管。外企的工作经历让他积累了丰富的跨国公司业务管理经验。后来，他出来创业，带领团队自主开发 ERP 企业管理软件，市场销售份额覆盖到了全国 1/3 的省份。成功的创业经历又给他的简历添上了浓墨重彩的一笔。

白瑞迪教授在寻找制造企业的过程中，也在积极寻找可以管理企业的 CEO。正好白瑞迪教授的博士生和王惠东是大学同学，想到王惠东具备丰富的企业运营管理经验，既懂美国商业运行的规则，又在中国有广泛的人脉和资源，于是向白瑞迪教授推荐了他。白瑞迪教授到中国和王惠东见面，双方互相赏识，一拍即合，决定在中国成立公司。

访谈期间，我与白瑞迪教授和王惠东的对话是分开进行的。与白瑞迪教授交流时，他表达了对王惠东充分的信任。白瑞迪教授一年中有一半以上的时间在美国杜克大学授课，很少到中国。他这项技术的后期研发、公司融资、市场推广等工作都完全交给王惠东处理。

和王惠东交流时，他的表现也非常值得赞赏。他考虑问题很全面，是一个能控制住局面的人。这样的人才能处理好人际交往与社会关系，在科学家、投资人和同人之间游刃有余地穿梭。

在王惠东的职业生涯中，这次创业是高校教授先找到他寻求合作。等到企业成功上市，他进行下次创业，就可以主动去找高校教授了。拥有一次与国外科学家对接技术的成功经历会是非常棒的信用背书。等他去和国外科学家进行技术对接时，就会得到充分的信任。像王惠东这样的人才积累起来，就会成为中国科技企业家队伍的生力军。

现在，中国的创业创新和美国最重要的差距就是中国缺乏科技企业家阶层，以及专门进行技术转化的企业。企业家是需要培养的，这个培养的过程仅仅靠政府支持年轻人、支持国内创业是不够的，中国还需要进一步开放，引入国外尤其是美国的科技企业。

中美对接越多，就意味着中国人获得项目和职位的机会越多。美国企业想和中国企业合作，会首选在西方受过教育、有丰富经验的华人员工，并将他们派到中国对接中国制造。这就给了王惠东这样的人才机会，让他们可以转型成为科技企业家。他们会做科技成果转让，懂商业规则，有信用。这批人将成为中国创新创业发展的中坚力量。

中国和平发展的战略

今天的全球竞争，已经从零和博弈的、区域替代式的竞争，变成全球创新生态的协作型竞争。国与国之间的关系不是"非此即彼、互相替代"，而是"你中有我、我中有你"。我们要在这种格局中认识中国的未来。

重新理解"修昔底德陷阱"

"修昔底德陷阱"（Thucydides Trap）是近年国际时评的热词。这个概念的提出者是哈佛大学教授格雷厄姆·艾利森（Graham Allison），他描述了这样一种现象：新崛起的大国必然要挑战现存大国，而现存大国也必然要回应这种威胁，战争就变得不可避免。就像公元前 5 世纪，雅典迅速崛起，原来的霸主斯巴达感到恐惧，最终爆发了伯罗奔尼撒战争，导致两败俱伤。今天，中国正在崛起，美国自然感到恐惧。那这两个国家之间会不会发生战争呢？历史上一幕幕的惨剧会不会重演呢？

我认为不会。"修昔底德陷阱"之所以发生，是由于挑战者无视现有的规则。在冲突之外，还有成功避免"修昔底德陷阱"，并且实现和平赶超的例子。比如，虽然最早开始航海贸易的是西班牙和葡萄牙，但最终夺得海上霸权的是英国。英国在17 世纪建立了海洋文明，这和之前的大陆文明最大的区别是强调自由贸易。通过推行自由贸易规则，英国叩开了别国的大门，掌握了全球的资源。而在 19 世纪末，美国取代了英国的霸主地位。英国和美国之间也没有发生战争，两国和平完成交接，并没有掉入"修昔底德陷阱"。因为美国在崛起的过程中，没有破坏英国建立的原有规则，它继承并且利用了英国的自由贸易体系，为本国产品的全球化销售铺路，成为全球第一大国。

这些案例带给我们的经验是，充分认同前一时期的市场规则，充分尊重前一时期的主导者，在此基础上找到新时期经济发展的核心推动因素，并在这个新的核心推动体系中成为主导者。

不可避免，美国会思考怎样才能维持科技大国的优势。它认为，唯一的办法是确立严格的知识产权保护体系。所以，美国非常强调知识产权保护，并且要求在全球范围内推广这套知识产权保护体系。这看似是一种公平的做法，但其实只对美国有利，因为全球的核心知识产权以及创造新知识产权的能力集中在美国。

中国要想在美国建立的严密的知识产权保护体系下实现超越式发展不太容易，因为美国科技也是经过近 70 年的发展才达到今天的水平。而中国的专利事业从 1978 年起步，在 1982 年才颁布了第一部知识产权保护法。同时，中国科研能力的提升也需要一个过程。如前述经验提到的，中国若要实现超越，必须在继承原有网络、尊重原有规则的基础上，建立自己的知识产权保护网，并在核心知识产权上找到突破口。

这张网是什么？我一直在强调中国的制造优势，那么这张网是制造吗？不对，我认为是创新。我们应当凭借前沿科技产品的制造，在创新之网上有所作为。

我认为，下一代的竞争是围绕创新的竞争。各个行业的创新都在加速，新的企业会颠覆老的企业，每个领域都会受到创新的冲击。中国如果把握好这一轮机遇，在创新生态里面取得优势，慢慢就能取代其他国家的传统优势。所以，我们要着重在创新这个层面发力。

创新是一张新网。这张网从 1980 年《拜杜法案》出台以后开始结成，但它的结构比较分散。因为创新都是围绕高校开展的，而高校呈现的是分散的态势。比如，清华大学有一个实验室特别厉害，但它只能建立少数几个连接。中国制造却有机会在全世界范围内建立广泛的连接。

现在创新领域正在发生的革命是，大量小企业而不是少数几家跨国企业在主导创新。这些创新企业的特点是小而分散，不但不能对中国形成垄断，反而依赖中国的产业界实现量产。当我们以中国制造为基础，将中国科技制造家这个招牌树立起来，用科技制造这张大网把别人全部网进来的时候，就能够在创新生态中成为超级大节点，建立最多的连接。

根据幂律分布的"优先连接"机制，网络中的节点都倾向于和大节点产生连接。节点越大，就越容易建立更多新的连接。最终，这些少数的大节点能够施加影响，重新组织整个系统。当科技创新产品主要在中国量产，并由中国输送到全世界的时候，美国强调的知识产权保护也有利于推动中国制造技术的升级换代。即使科技的原创不在中国，我们也能建立起整个创新生态。

怎样应对科技封锁

关于中美之间发生的贸易摩擦，人们最关心的一个问题是：中国和美国的经济会不会脱钩？我认为，贸易上的脱钩是不可能的，我们真正需要应对的是美国的科技封锁。中美贸易摩擦的本质不是贸易，而是科技。

为什么说贸易摩擦不是本质呢？一个原因是中国制造并不低端，劳动力成本早已不是优势，美国加征 25% 的关税对中国制造的影响并不大。另一个原因是即便美国想单方面对中国进行贸易封锁，也根本做不到。现在全球贸易早已一体化，在一体化时代，禁止和限制进出口物品，美国自己也会受到伤害。

以很多人都熟悉的美国摩托车厂商哈雷戴维森（Harley-Davidson）为例。2018 年 6 月，哈雷宣布要把面向欧洲的生产线迁移到海外。紧接着，美国总统特朗普就连发 5 条推特，斥责哈雷摩托外迁工厂的行径，威胁哈雷将会为此付出代价。再来看哈雷在中国的轮毂供应商——位于山东威海的万丰镁业。它专做摩托车轮毂，70% 的产品卖给宝马，也供给哈雷，可以实现 25% 的利润。中美发生贸易摩擦以后，哈雷完全找不到替代品。强大的哈雷立刻游说美国商务部，让商务部专门为此修改海关编码，硬是将这家企业生产的摩托车车架的关税改成了普通关税。

再比如，美国想"封锁"华为，要停止芯片供应。但当华为得不到芯片的时候，那些美国供应商同时失去了巨大的中国市场。公开数据显示，华为 2018 年全球采购芯片的金额约 700 亿美元，其中，从美国公司采购的金额高达 110 亿美元。华为核心的美国供应商有 33 家，包括我们熟知的英特尔、AMD、高通。美国的做法相当于人为地建了一个篱笆，把自己"切"出去，隔离在主流市场之外。华为固然遭受了重创，但是失去了中国这个市场，美国供应链企业的利益也受到了损害。所以我认为，贸易摩擦不会持久。

我们真正应该担心的是科技封锁引发的科技战。我们如今制造的还是现有的科技产品，但是现在科技产业出现井喷，科技产品大量涌现，若未来国外的科技企业无法进入中国，我们就对接不到那些未来的科技产品，制造企业就无法积累科技产品的制造经验。长此以往，我们的先进制造水平就得不到提升，发展不出完备的创新链条，这对产业生态的发展是很不利的。

如何应对可能到来的科技封锁？我认为，我们要强调的恰恰不是自力更生，而是创新生态的价值。

现在美国的做法是在割裂整个创新生态。它只强调知识产权的作用，却无视其他国家所做的贡献。它认为技术源头是自己的，创新的成果收益理应全归自己。比如，苹果公司已经拿到大头利润，可美国政府还不满足，希望将工厂都搬回本国，不让中国人赚得利益。这就过度解读了自己的价值，忽略了生态的价值。

创新是一个生态，需要生态中各要素的协同，整个创新生态都应该被尊重。如果说贸易是一种短期协作的话，创新就是一种长期协作。而长期协作的核心是生态的稳定性，是生态中各要素之间对彼此重要性的认可。

我们要强调，中国制造使全球创新的价值得以实现，中国能够帮助全世界的科学家、企业家把创新变成现实。美国拥有科技产品化的领先能力，中国拥有复杂制造的领先能力，这两个能力加起来才会构成一个完整的创新链条，不是任何人想分开就能分开的。不仅如此，我们还要帮助"一带一路"共建国家在创新生态中找到自己的价值，与中国形成互补，产生长期的利益分配机制。如果整个创新生态都是围绕中国打造的，那么，中国肯定会赢。

有一则寓言故事，今天看起来颇有启发。日本人喜欢吃章鱼，但章鱼栖息在古巴，日本人过不去。日本人就想了一个办法：在古巴20海里之外的公共海域把渔船一字排开，朝着古巴海岸线照射灯光。章鱼被灯光吸引过来后，日本人就可以把它们抓走了。本书在科技创新的维度上介绍了一些吸引"章鱼"来中国的做法——"制造即投资"、大企业布局，它们都是符合全球商业规范的。如果中国的政策能够吸引全球的科技创新涌向中国、在中国落地，我们就能合法合规地打破"封锁"。

怎样迈向科技强国

中国要如何实现从世界上具有重要影响力的科技大国迈向世界科技强国这个目标呢？我的观点可以概括成"一个继承，两个突破"。

"一个继承"是指我们必须继承全球商业文化，必须尊重知识产权，必须对创新的价值给予充分的认同，在继承的基础上实现超越。

"第一个突破"是指不要在现有技术上进行争夺，而是要在下一轮有希望的领域取得突破。

回望过去，很多轮创新我们都后知后觉地跟在后面，等别人做出成果之后，我们再试图模仿和追赶，最终会付出沉重的代价。为了获得这些技术，我们要花费大量资金购买知识产权，在关键技术上被国外"卡脖子"。比如制造芯片的光刻机，在"十二五"科技创新成就展上，中国生产的最好的光刻机，加工精度是 90 纳米，这相当于 2004 年上市的奔腾 4 的 CPU 的水准。[3] 还有自动驾驶汽车的必备部件——激光雷达，它决定了自动驾驶行业的进化水平。但在该领域，中国企业几乎没有话语权。目前能上路的自动驾驶汽车中，搭载的几乎都是美国 Velodyne 公司的产品。其激光雷达产品是行业标配，占八成以上市场份额。

再比如当今热门的人工智能，中国已经在该领域花费了大量的科研经费。但实际上，这一轮的人工智能技术以"深度学习""对抗性神经网络"为代表，其发展已经基本上接近顶点了。未来的发展会有小修小补，但新的技术飞跃可能都不在这个技术路线上。谷歌、微软、亚马逊等各大 IT 巨头已经把人工智能技术开源，就像 IT 和互联网的普及一样，人工智能也将迅速普及。我们无法在这个领域取得领先的优势。

中国真正应该发力的是下一轮有希望突破的领域。至于下一轮有希望突破的方向是什么，可能是新能源，可能是新材料，也有可能是认知科学。这些科技现在也许还是冷门，学者极难申请科研经费。但是，不管冷门热门，我们都应该做更多的前瞻性研究，在下一个突破机会上下功夫，而不是亦步亦趋地蹭热点。

世界一流高校本事的体现，不是能聘请多少个已经拿到了诺贝尔奖的人任教，而是有多少位教授在这所高校做出了成果，获得了诺贝尔奖。这样的高校能够面向未来做布局，能够预先判断哪些领域有突破性的机会，说服有突破机会的领域的领军学者加入，让他们在这所高校实现突破，最终使这些知识产权也落在高校。这才是一流高校厉害的地方。

我们永远不要试图在直道超车，而要提前布局。

"第二个突破"是指不要在吸引大企业建厂上进行争夺，而要在吸引小企业落户上实现突破。

中国的很多地方政府为了显示对科技的重视，特别强调自己辖区内落户了多少家"世界 500 强"企业。它们为了鼓励大企业在中国建厂，纷纷出让利益，给企业低价甚至免费的厂房、土地，还提供补贴、返还地税。但这些大企业本来就要在中国建厂，只是还没决定要建在哪儿。所以，这是一场零和博弈，对中国而言也是一种损失。

我们应该把政策调整为吸引小科技企业在中国落户。这些企业可能刚刚完成产品研发，需要中国的制造业帮它们实现量产。此外，地方政府提供的补助资金还能帮助它们解决全球市场和生产所需的资金问题。地方政府请它们在这个时候来中国落户，对它们无疑具有很强的吸引力。我们的地方政府只要足够重视这些小企业，10～20年后，就能在中国诞生一大批新的"世界500强"企业，中国的经济就一定会更加强大。

值得注意的是，吸引大企业和吸引小企业的政策是不一样的。大企业在乎的是税收减免，而小企业本来没有多少收入，也不会产生太多的税费，它更关心的是知识产权保护。所以，政府在"招商引技"的时候，仅仅强调政策优惠是不够的，更重要的是要给小企业创造受尊重、受保护的环境。因此，政府需要出台可持续的政策，并建设信任机制和营造合适的文化环境，提升优质高效的批产建厂能力及服务能力，形成对小企业强有力的持续吸引力。

中国企业要摆脱传统的来料加工模式，改变给别人打工的地位，关键就是要把与国外企业的合作提前，在它们还没有成为超级大企业的时候先建立合作。如果这些企业已经成了苹果公司、特斯拉，中国的合作方最多只是做代工；如果在它们刚刚研发成功，需要资产、制造能力和市场的时候开始合作，中国企业的地位就不是代工厂，而是它们非常重要，甚至最为重要的合作伙伴。

中国企业在和国外小科技企业合作的时候，经常凭借实力雄厚的优势，希望收购对方。我想提醒的是，这不是最好的方法。因为更长远的合作方式不是收购它，而是利用自身的优势去帮助它，让小企业的创始人继续做大股东，保留控制权。当它真正发展壮大后，中国企业得到的回报就比在它弱小的时候进行收购要大得多。

⫶⫶ 拥抱全球化4.0 ⫶⫶

过去，我们经常认为创新是局部的事情。我们建设产业园，以为创新在一个区域内就可以发生。但实际上，越是前沿科技，越不可能在一个区域，甚至无法在一个国家内完成创新产品的转化。

今天的创新区，依然以本国和本地为主。即使各地区之间有协作，也主要是美国创新和中国制造的协作，因为现在的科技创新都离不开制造。但未来的创新，更多要以跨国协作为主。创新协作的程度会更深，会更加全球化。

创新全球化时代的来临

回顾全球化的历史，我们会发现一条清晰的脉络。

全球化 1.0，也就是贸易全球化的时代，物与物的全球交换出现。典型的代表是起源于西汉的丝绸之路。但这时因为交通等因素的限制，产品卖不远，企业主打的是区域市场，能服务好当地和周边的市场就可以。所以，德国、瑞士大量精工细作的小公司就可以存活。

全球化 2.0，是企业全球化的时代。它起始于"二战"后，国家和国家之间开始用理性谈判而不是战争来解决问题，国际的商业环境和商业规则开始建立。这时候，企业就可以进行跨国布局——不光将产品销售到国外，还能去别国生产，调用别国资源，形成"你中有我、我中有你"的关系。

全球化 3.0，是产业分工全球化的时代。它兴起于 20 世纪 80 年代，一部 iPhone 的上千个零部件会在不同的国家生产和组装，它是全球化 3.0 的代表。

今天是全球化 4.0[4]，也就是创新全球化的时代。创新的分工进一步加深，科技创新链条上的四个环节——科研、研发、量产、市场——很可能分布在不同的国家，需要国家与国家之间的协作才能完成。

为什么会出现全球化 4.0 ？在今天科技创新井喷的时代，对一家企业、一个产业或者一个经济体来说，要想提升自己的创新效率，仅仅依靠本地或本国的资源已经远远不够了，任何国家都不能保证全球最优的资源都在本国。因此，需要最优的长板互相结合。在"科研—研发—量产—市场"这个创新链条中，谁在哪个环节最具备优势，就可以选择跟谁协作，这种协作是不分国界的。

比如，过去企业主要在内部做研发，完成产品创新。懂市场需求、了解用户心理的设计师还没有广泛地形成给小创业企业服务的渠道，他们和小企业并没有广泛连接起来，于是才会存在前文提到的产品刚进入市场时面临的"跨越鸿沟"问题。未来，外部协作机构与小企业的合作会越来越多，小企业会用小份额股权、期权来换取协作服务。

脸书上市后产生了一批富豪，其中就包括曾经为脸书总部绘制壁画的涂鸦艺术家。脸书刚成立时，并没有多余的资金给这位艺术家，只能许诺给股权。等到脸书上市时，这位艺术家所持有的股票价值飙升到了2亿美元。相信以后这样的协作方式会越来越多，而且合作方式会越来越标准化。以后的艺术家要为企业做的可能不只是画一幅壁画，而是每年给企业画一幅壁画，双方会达成长期合作关系。

所以，未来的创新是每个国家、每家企业凭借自己的竞争优势，实现国家之间、企业之间长板与长板的拼接。一方面是形成长期协作关系，另一方面是协作双方之间的关系越绑越紧。关系绑紧的原则就是各司其职，充分发挥自己的优势，而且这种优势是超越国界的。

我在2019年"前哨大会"上畅想过这样一幅图景：在未来科技创新全球化的时代，你的企业将会用到匹兹堡的人工智能技术、特拉维夫的CEO、迪拜的资本、伦敦的设计、班加罗尔的软件开发、深圳的制造能力，最后在香港上市。

如果当全世界的科技企业来到中国时，我们都给它一个更高的估值，帮助它在香港上市——这对中国未来的长期发展，对中国的国际化将是一个有力的推动。

海银资本正在以自身投资的一批公司为样本，系统地实施我们的资本运作方案。在我们的大力推动下，中风急救公司Cerevast、无线充电公司WiTricity等好几家公司的董事会都已经批准了在香港上市的方案，这些公司有望于3年内实现上市。

如果我们能够认识创新生态的价值，重构我们对全球创新生态的战略布局，中国完全有可能借助这次科技创新的机遇，利用全球最好的资源，实现中国的全球化布局。

科技创新协作的深化

过去讲比较优势，指的是基于资源和地域的地缘优势。随着社会分工的深入，各地会产生基于科技的比较优势。比如，大量科技创新企业的编程功能可能会甩到印度，程序员团队在印度，设计师则有可能在伦敦，算法工程师在东欧，CEO 则可能是以色列人。

以印度为例。印度擅长 IT 编程，可以做外包开发。但印度现在外包开发的服务范围比较窄，主要是服务大企业。一方有编程需求，一方承办，双方只是简单的买卖关系。不过，这种关系未来将变成创新生态的协作关系。因为很多创业企业都需要软件支持，程序开发相当于公司研发任务的一部分。未来会有大量外部的专门做软件开发的团队，在小企业创业时协助其进行软件开发，并以股权或期权的形式占有小企业将来上市成功的好处。

其实，现在已经有企业开始尝试这种模式了。在印度有一个几千人的编程团队，派了专门的评估人员在美国招揽业务。当美国有创业公司需要开发软件时，评估人员会替创业公司做评估——能帮你开发到什么程度，需要多长时间完成。项目刚开始时，外部开发团队只收取创业公司非常低的开发成本，将剩下本应收的资金算作投资，占企业的一定股份。就像中国可以用制造当投资一样，印度也可以用编程当投资，实现协作双方的长期绑定。企业出让未来一小部分利益，就可以用到最好的人才、最好的资源、最好的技能。这样的外包公司类似于创业企业外部的部门——我就是你外部的软件开发团队，我们的利益是一致的，关系是一体的，我可以获得你创业成功以后的成果。企业与企业之间形成了深度绑定的关系，大家相互协作。这样才能实现长板与长板之间的合作。

未来，资本本身不再是优势了。因为现在资金的流动性越来越充裕，好创意、好产品不缺资金支持，它们需要的是能力支持。外部小企业把支持能力换成股份，实现双方的长期绑定，从而享受科技企业的长期利益。同时，对科技企业而言，出让一部分股权或者未来的利益，就能绑定一个优秀的合作伙伴，而不是简单地外包开发商，把外部小企业变成自己的一部分，这是一种双赢。

未来，基于科技人才的比较优势将越来越重要。财富的来源主要是人，不是资本，不是资源。区域人才的积累和高校的人才积累是一样的，如果一个地方形成了人才集聚，这个地方就会长期出人才。为什么东欧出的数学家最多？因为基础强。从 20 世纪开始，很多伟大的数学家出自俄罗斯。为什么中国乒乓球队最厉害？中国的一个省队都比国外的一个国家队强，因为我们已经形成了长期的人才累积和成体系的训练。

未来社会需要的不是通才，未来社会更看重你最拿手的优势在整个创新生态中处于哪一环节,到底能够占住哪个位置。你拥有的技能需要在整个创新生态中拥有价值。未来基于智力的人才差异化会长期存在,我们必须掌握基于全球的创新协作能力,才能用到全球最好的人才。

中国在全球创新生态中的核心竞争力是什么?我认为是科技制造家。中国在这一轮的创新浪潮中成功锻炼出了一批优秀的、能够支持创新开放制造的企业家和专家。当创新生态化以后,大规模的、开放的第三方制造能力会成为最被需要也最稀缺的能力。中国应该充分意识到科技制造家的价值,全世界也应该意识到他们的独特价值和贡献,这样创新才能做得更好。

现在最大的难点在于,中国的制造水平没有得到广泛认可。国外的小科技企业到中国寻求与制造企业的合作,很多时候是两眼一抹黑,只能碰运气,或者通过了解企业原来制造过什么,来判断是否适合制造自己的产品。比如,我帮汉森机器人(Hanson Robotics)找制造商的时候,就找到了给谷歌生产过音箱的制造企业。理论上讲,制造音箱和制造机器人需要的技术水平相差很远。但是,我没有别的衡量标准,只能通过过往历史判断——这家企业给谷歌做过产品,它的制造水平应该差不到哪里去。

我呼吁中国建立一套全球化、标准化的制造能力信用评级体系,将我们的制造能力显性化。如果我们能够按行业、品类、实力为制造企业做评估，使中国有一批被认可的科技制造企业，让全世界先进的科技企业知道我们的制造企业有能力、有信用，那些科技企业就可以直接去与最适合的制造企业进行对接。

站在当下看全球创新环境，创新的源头在世界各地都有。美国、英国、以色列……这些地方都能生长出创新的幼苗。但是，它们培育创新的土壤不肥沃，很多科技创新企业在国外长不大。因为这一轮硬科技创新都需要做出产品，都需要量产，它们没有对接先进科技的制造能力。中国创新的土壤肥沃，我们可以利用制造能力将世界各地创新的幼苗都吸引到中国来，让它们在中国长成参天大树，在中国获取更大的利益。

除了将国外科技企业引到中国，中国的科技制造家还应该研究全球制造怎么分布，哪里有产业集群，就去哪里做战略投资，把全球的制造攥到手里。美国现在没有制造专家，所以制造能力不足。我们最好的应对办法是，制造企业现在就进行布局，利用制造能力做投资，还可以帮科技企业建厂，派我们的科技制造家去美国指导制造。那么我们给世界的印象就会是"全球制造，中国最牛"。这才是全球创新生态的新形势。

建立开放的商业信用

创新是世界发展的主旋律，中国如何适应这个主旋律？

今天，中国的经济实力已经排名世界第二，综合国力排名世界第三，我们在国际上已经有了一定的话语权。但是由于文化背景不同，我们在海外贸易、海外拓展上还比较乏力。很多中国企业家去海外拓展市场只能找当地华人，而华人在海外主流商业圈的话语权比较小。在全球化时代，中国要拓展海外市场，让别人相信我们，就要建立符合国际标准的、统一的商业规则。

如果说，中国是农耕文明和草原文明塑造的混合体，整个社会形成了一个相对封闭的熟人信用体系，那么欧美则是海洋文明，诞生出了海洋文明所需要的开放信用体系。

熟人信用体系的特点是圈层社会，人与人之间的关系像涟漪一样一圈一圈往外扩散。关系越近，我们之间就越有义务相互帮忙；关系越远，人与人之间的信任程度就越低。我们融在血液里的文化就是亲疏有别。从家庭到村落，再到城市，最后到国家，一层层扩展。这样的文化导致的结果就是，我们会为了整体系统做出个人妥协，因为只有这样我们生活在这个熟人圈层里才有价值。同样，我们会给同一个圈层里的人更高的待遇。做生意时，我们会倾向于照顾亲朋好友。

在开放的海洋文明中，西方形成了开放信用社会。开放的意思就是统一标准，对陌生人和熟人一视同仁。比如，我做投资，将钱投给了亲戚，这不叫信用；而我将钱投给了陌生人，且遵守所有商业规则，最后陌生人经营的这家公司成功上市，我实现退出，这叫信用。

融入这种开放的信用体系，是中国成为全球创新生态中心的必经之路。"修昔底德陷阱"的解法就是要先接受对方的规则，再找到机会突破，而不是去挑战对方。从长期来看，西方的商业模式是主流，中国应该跟随。我们也需要建立标准化的商业信用，建立一个开放的合作系统。开放合作系统的核心即做生意和人际关系的远近无关。

我们在与国外企业接触的时候，不见得要认识对方才去寻求合作。在开放系统中，我们只要明确双方的利益，有明确的互利方向，随时都可以与国外企业接触。中国企业家现阶段要锻炼的商业交往方式是充分替对方着想，在吸引科技企业进中国时，在设计合作机制的时候，要充分考虑到对方在中国可以获得的权益和利益。

首先，合作双方清楚地知道对方和自己的价值，从而进行长板合作。达成合作的原则和推荐人无关，而是基于双方的价值来判断。这种基于价值的匹配，重要的不是熟人推荐，而是对方是谁，对方是否有信用。

其次，合作双方会考虑对方的利益，充分替对方着想。签署合同的时候，双方提的建议要互利，要考虑到对方的顾虑、需求，考虑到对方如何赢利。

最后，与别人谈合作时，一开始就要亮出自己的信用。所谓信用，其实就是自己的历史。你要先表明自己是谁，做过什么，做过的事跟对方的连接点在哪里——连接点是指示范性。比如，我与企业谈合作时，一定会告诉对方我投过很多美国企业，你随时可以与这些美国企业的 CEO 联系，了解我投资以后他们公司的发展情况。我的既往历史——投过哪些企业、成绩如何——都会开放给你，这就是我的信用。你在寻求与对方合作之前，一定对对方的信用进行调查；进行合作洽谈时，同样要把你的信用全部亮出来。这就是开放信用，随时可以与任何人谈合作。

我们先要学会利用开放合作的系统，在这个系统里面建立信用，这样一来慢慢就会形成开放信用的社会。

中国这些年一直在通过招商引资政策来吸引外国企业，实际的效果却并不理想。我们引来的都是华人科学家，国外的企业家很少来中国，因为他们没有对我们产生足够的信任，我们也缺乏对他们的充分了解。还有一些地方产业园的招商引资都是自说自话，喜欢跟外企单独谈合作，一见面就和对方说自己会提供的优惠政策。实际上，对方在对你建立起充分的信任之前，对这种优惠会持怀疑态度。所以，我们在谈判的时候，需要先和对方建立信任，再谈后续的合作细节。

而且，外企来中国做生意，想要的是一系列稳定的、标准化的政策。我们给所有企业，包括国内与国外的企业，招商的条件都应该是一样的，不能单独提供优惠。因为单独给一家企业提供优惠的同时，对别的企业不公平，破坏了信用的透明度、稳定性和一致性。而所谓标准化的政策就是，我们给对方的优惠条件，不应该是一次性的，而应该是尽量持久的，不应该是千人千面的，而应该是对所有人都一样。

前文提到，这一轮科技创新的特点是，创新的主导者是小企业。小企业比大企业更需要保护。我们在吸引国外小企业落地中国，让它们将知识产权转移过来时，很多小企业还是有顾虑的。所以，我们要让国外科技企业看到我们在知识产权方面的保护力度。除了完善自身法律，我们也学习其他国家对知识产权的保护方法，比如引入世界知识产权组织的标准做法和国外的知识产权仲裁机构。

除了法律制度约束，我们也可以在商业运作过程中采用标准化文本。比如在天使名单这个众筹平台做投资，人多量大。如果每笔投资都要找一个律师来审批，完成一笔投资需要的律师费就达几万美元。要是投资金额本身才几万美元，这样的商业模式肯定不现实。所以，天使名单先拟了一个律师合同标准范本，让所有投资交易全部用同一个合同。这样不仅省去每笔交易的律师费，而且公司的标准范本谁都看得见，从而实现了透明和公平。

中国的招商引资政策也可以借鉴这种做法，写清楚合同条款，形成标准范本。因为我们不仅要知道对方能给我们什么，还要让对方知道我们能给他们什么。

虽然改变中国的熟人文化比较难，但我们可以从规范上改变，把对接科技企业的接口标准化。接口标准化是信用的延伸。标准化会强化我们的信用。同时，有信用，标准化才有用。企业建立标准化操作对自己而言是一种自我约束，约束了自己的行为以后，在市场中与其他企业协作时，反而会更有优势，能更快积累信用。

具体而言，标准化可以分为以下几个层次。

第一，前端布局的标准化。

国家层面，应该设置统一的、覆盖相对广泛的机构跟踪、扫描科技前沿，然后把扫描的成果发布出来，提供给市场中的企业，由这些企业一起出资锁定机会。当然，每个企业也应该建立一个专业机构来跟踪前沿科技成果。但参与路径需要标准化，所有愿意抢占科技前沿的企业，看到机会都可以通过这个标准化的路径通向国外小企业，对它们进行投资，帮它们完成前沿科技的孵化、转化。

第二，产业对接的标准化。

中央要有招商引资政策，地方要有招商引资标准化操作，鼓励大批前沿科技企业来中国寻求协作。我们还要广泛宣传中国的制造对接能力，对接的政策要非常清晰；还应该对全中国的科技制造企业的水平和实力做标准化评估，并开放所有数据，清楚地显示各个企业的水平、实力、信用等级。这样，外国企业就能明确地知道在中国应该找哪些制造支持企业，通过什么渠道找，落户中国以后会得到什么好处。政府制定了标准化的产业对接地图以后，能够让外国企业很容易地和中国企业实现对接。

第三，产融资本的标准化。

我们还应努力把产融资本的合作模式标准化。一方面，可以吸引制造企业来参与。帮助科技企业体外建厂，制造企业用建厂能力作为投资，等科技企业实现量产以后收购工厂。另一方面，资本界也来参与。资本方知道科技企业在中国制造的支持下一定会实现量产，所以，不管是将要建厂的制造企业，还是需要生产能力的科技企业，都能得到金融资本的支持。制造企业拿资金去建厂，科技企业拿资金去做研发。等科技企业要上市的时候，把制造能力加进去，大家一起上市，完成退出。这个操作过程如果能标准化，就可以让科技企业顺利地落户中国。

今天，全球创新已经生态化。生态化的特色是长板和长板的结合，我们要学会利用对方的长板合作。从整个创新生态角度看，国家、企业之间已经不可分割。竞争的核心是准确找到自己在生态中的价值，自己的价值比别人高，在整个生态中就有控制力。

在创新生态中，我们要突出自己价值的独特性。中国制造支持全球创新，这已经是一个既成事实，并会不断被强化。只要我们不脱离全球创新生态，全球的先进科技就会不断找过来。我们的优势得以继续保持，进而在创新生态中有足够的话语权。

后记：行动清单

‖ 给愿意积极发展、把握未来命运的个人

每一个希望改变自己命运的人，都应该关注这场科技创新的革命，因为它可以为每一个人带来机会。如果你还未开始关注这场革命，不妨从深入了解创新生态开始，建立起收集科技创新企业报道的习惯，学会分析科技的出处、企业的发展阶段、技术的核心优势和企业眼前的最大挑战。机会就是从这样的不断分析当中找到的。

如果你希望成为科技企业家，真正投入到科技创新当中，建议你脚踏实地，一步步地实现自己的理想。优秀的科技企业家都是沿着先加入科技创业公司、成为科技创业公司的核心成员、最后成为科技企业的创始人的轨迹，一步步走向成功的。

‖ 给企业创始人

如果你的企业是一家初创企业，希望利用先进科技创业，那

么你就要了解高校技术转让的运作方式，和相关领域有较强科研实力的高校建立联系，随时了解它们的最新科技成果，找到技术转让的机会。更重要的是，你要为创业积累起足够的信用，并取得高校的认可。因为在你挑选好技术的同时，好技术也在挑你。

如果你的企业已经具有相当规模和产业影响力，那么你未来的竞争对手很可能就是那些科技初创企业，所以你要与相关领域的优秀高校建立长期跟踪与合作。一是优先让高校转让适合自己企业的知识产权，增强科技竞争力；二是建立跟踪机制，了解相关领域的先进科技转让给了哪些初创企业，及时投资这些初创企业并和它们建立合作。要知道，对大企业而言，建立技术的跟踪和消化系统是最重要的核心竞争力之一。

如果你的企业正好是中国的制造企业，那么恭喜你，你已经具备了和全球科技前沿企业对接的条件。但你还应该主动和相关领域的科技企业建立长期联系，不断积累自己对外合作的信用，并在为前沿科技企业制造产品的过程中不断提升自己的科技实力。另外，你还应该提升自己和科技企业洽谈合作的能力，尤其是建立长期合作和为自己争取长期利益的能力。别忘了，资本的支持对你的谈判会大有裨益。

‖ 给高校

高校是科技创新的源头，但不是科技创新的主战场。高校孵化器的价值不是鼓励学生创业，而是建立起一个连接优秀企业家和科研成果的平台——一边是全世界最好的技术，一边是全世界最好的企业家。关键是要让企业家及时看到最先进的技术，高校能够挑选到最合适的企业家来做技术转化。

‖ 给投资人

投资人的角色相当重要，但是切忌用老的风险投资套路来认识这一批科技创新企业。科技企业家往往拥有丰富的经验，但仅仅依靠路演来获得投资是困难的。投资人必须成为科技创新生态的局内人，用对接科技与企业家、对接科技企业与制造企业、对接企业与市场资源等的能力，来赢得投资科技企业的机会；同时要切实帮助科技企业提升成功率，从而增加自己的投资回报。

‖ 给产业协调者

科技企业多了以后，服务科技企业的支持机构也会发展起来。这些支持机构一方面要充分研究企业、分析技术，给予初创企业及产品充分的展示空间；另一方面要起到黏合剂的作用，打通企业与企业之间的资源，打破人脉及利益相关者之间的壁垒，让创新要素之间得到充分沟通。

在这些支持机构中，地方产业园区乃至创新区依然有很大的助推作用。它们应该做到以下几点：第一，帮助科技企业解决量产问题；第二，尽量吸引同一领域的科技企业，形成产业集群；第三，有长期规划，产业园区的目标不是吸引现有的"世界500强"企业，而是培养出新的"世界500强"企业。这样一来，地方才会有差异化竞争的优势。

任何新生事物刚刚出现的时候都是弱小的，科技企业也是，政策调控对创新的倾斜性支持对创新生态来说至关重要。尤其要从生态的角度抓住创新的主要矛盾，突出我们的核心优势，那就是在产业侧的创新。

‖ 给孩子们

最后，也是最重要的，是给孩子们。孩子是未来世界的真正主人。我们希望孩子们从小接触先进科技，理解创新——可以是对产品背后的科学原理的了解，可以是对科技企业发展的分析，也可以是对科技企业家人生轨迹的跟踪。最重要的是，希望孩子们认识到，科技是改变世界的武器。用科技改变世界，让世界变得更美好，这样的机会永远都存在，只要努力就能够拥有。

注释

第一章 今天的科技创新

1 Catherine Fazio, et al.A New View of the Skew: A Quantitative Assessment of the Quality of American Entrepreneurship ［R/OL］［2019-11-26］. http://innovation. mit.edu/assets/A-New-View_Final-Report_5.4.16.pdf.

2 Ross Devol, et al.Concept to Commercialization: The Best Universities for Technology Transfer ［R/OL］［2019-11-26］.http://milkeninstitute.org/reports/concept-commercialization-best-universities-technology-transfer.

3 杨国梁.美国科技成果转移转化体系概况［J］.科技促进发展，2011（9）.

4 王桂月.基于知识管理的高校科技成果转化研究［D］.天津：天津大学，2009.

5 武学超.美国研究型大学技术转让政策研究［D］.重庆：西南大学，2009.

6 AUTM. AUTM Licensing Survey: FY 2003 ［R/OL］［2019-11-26］.https://www.pharmamedtechbi.com/~/media/Images/Publications/Archive/The%20Pink%20Sheet%20Daily/2004/12/10/14041213013/041213_autm_survey.pdf.

7 海银资本根据国家科学基金会和科学资源统计司的数据统计的结果。参见 National Science Foundation/Division of Science Resources Statistics, Survey of Industrial Research and Development: 2001.

第二章　科技创新是一条产业链

1　MIT Technology Licensing Office. https://tlo.mit.edu/engage-tlo/tlo-data/tlo-statistics.

2　摩尔.跨越鸿沟［M］.赵娅，译.北京：机械工业出版社，2009.

第三章　创新生态的其他参与者

1　Wikipedia. DuPont Central Research. https://en.wikipedia.org/wiki/DuPont_Central_Research.

2　国泰君安医药团队.美敦力20年并购史："汇流成海"成就医疗器械巨头［EB/OL］.https://www.sohu.com/a/115078520_464396.

3　中国电子信息产业发展研究院.美国制造创新研究院解读［M］.北京：电子工业出版社，2018.

4　参见"美国制造"官网的数据统计结果。https://www.americamakes.us/our_work/project-portfolio/.

第四章　中国决定全球创新的未来

1　施展.枢纽：3 000年的中国［M］.桂林：广西师范大学出版社，2018.

2　西南证券研究发展中心.ASML独领风骚，上微电寻国产光刻星火［R］.

3　高博.这些"细节"让中国难望顶级光刻机项背［N］.科技日报，2018-04-19.

4　2019年年初，世界经济论坛主席克劳斯·施瓦布（Klaus Schwab）提出"全球化4.0"的概念，即服务的全球化。施瓦布认为，与上一轮全球化导致发达国家蓝领失业相比，服务的全球化有可能危及白领的饭碗。很多发展中国家有才能、低成本的工人将取代富裕国家的白领人员。但是，我持不同看法。服务的全球化早在 10 年前就在推行，现在看来，明显是行不通的。比如，让印度人服务美国人，由于文化差异，印度人在很多情况下都不会理解美国人的需求是什么。我认为在产业全球化之后，应该是创新的全球化。

5　崔爽.激光雷达昏聩，让自动驾驶很纠结［N］.科技日报，2018-05-10.